Inglés en 100 Días

AGUILAR

Título original: INGLÉS EN 100 DÍAS
© 2008, TRIALTEA USA

De esta edición:
D.R. © 2008, Santillana USA Publishing Company, Inc.
2023 N.W. 84th Avenue
Doral, FL 33122
Teléfono: 305-591-9522
www.alfaguara.net

Aguilar es un sello editorial del Grupo Santillana. Éstas son sus sedes:

Argentina
Av. Leandro N. Alem, 720
C1001AAP Buenos Aires
Tel. (54 11) 4119 50 00
Fax (54 11) 4912 74 40

Bolivia
Avda. Arce, 2333
La Paz
Tel. (591 2) 44 11 22
Fax (591 2) 44 22 08

Colombia
Calle 80, nº10-23
Bogotá
Tel. (57 1) 635 12 00
Fax (57 1) 236 93 82

Costa Rica
La Uruca
Del Edificio de Aviación Civil 200 m
al Oeste
San José de Costa Rica
Tel. (506) 220 42 42 y 220 47 70
Fax (506) 220 13 20

Chile
Dr. Aníbal Ariztía, 1444
Providencia
Santiago de Chile
Telf (56 2) 384 30 00
Fax (56 2) 384 30 60

Ecuador
Avda. Eloy Alfaro, N33-347 y
Avda. 6 de Diciembre
Quito
Tel. (593 2) 244 66 56 y 244 21 54
Fax (593 2) 244 87 91

El Salvador
Siemens, 51
Zona Industrial Santa Elena
Antiguo Cuscatlan - La Libertad
Tel. (503) 2 505 89 y 2 289 89 20
Fax (503) 2 278 60 66

España
Torrelaguna, 60
28043 Madrid
Tel. (34 91) 744 90 60
Fax (34 91) 744 92 24

Estados Unidos
2105 NW 86th Avenue
Doral, FL 33122
Tel. (1 305) 591 95 22 y 591 22 32
Fax (1 305) 591 91 45

Guatemala
7ª avenida, 11-11
Zona nº 9
Guatemala CA
Tel. (502) 24 29 43 00
Fax (502) 24 29 43 43

Honduras
Colonia Tepeyac Contigua a Banco
Cuscatlan - Boulevard Juan Pablo,
frente al Templo Adventista 7º Día,
Casa 1626
Tegucigalpa
Tel. (504) 239 98 84

México
Avda. Universidad, 767
Colonia del Valle
03100 México DF
Tel. (52 55) 54 20 75 30
Fax (52 55) 56 01 10 67

Panamá
Avda Juan Pablo II, nº 15.
Apartado Postal 863199, zona 7
Urbanización Industrial La Locería
- Ciudad de Panamá
Tel. (507) 260 09 45

Paraguay
Avda. Venezuela, 276
Entre Mariscal López y España
Asunción
Tel. y fax (595 21) 213 294 y 214 983

Perú
Avda. San Felipe, 731
Jesús María, Lima
Tel. (51 1) 218 10 14
Fax. (51 1) 463 39 86

Puerto Rico
Avenida Rooselvelt, 1506
Guaynabo 00968
Puerto Rico
Tel. (1 787) 781 98 00
Fax (1 787) 782 61 49

República Dominicana
Juan Sánchez Ramírez, nº 9
Gazcue
Santo Domingo RD
Tel. (1809) 682 13 82 y 221 08 70
Fax (1809) 689 10 22

Uruguay
Constitución, 1889
11800 Montevideo
Uruguay
Tel. (598 2) 402 73 42 y 402 72 71
Fax (598 2) 401 51 86

Venezuela
Avda. Rómulo Gallegos
Edificio Zulia, 1º. Sector Monte
Cristo. Boleita Norte
Caracas
Tel. (58 212) 235 30 33
Fax (58 212) 239 10 51

Fotografía de cubierta: GettyImages

ISBN 10: 1-59820-358-4
ISBN 13: 978-1-59820-358-5

Primera edición: Julio de 2003
40a. Edición: Julio 2012

Estimado Amigo,

¡Sí! Tú también puedes hablar inglés y te lo vamos a poner muy fácil con nuestro curso de **"Inglés en 100 días"**. Este es un curso desarrollado por profesores con mucha experiencia en enseñar inglés a personas como tú, cuyo idioma nativo es el español. Sabemos lo que necesitas: un inglés cotidiano que te permita desarrollar tu vida en Estados Unidos sin problemas de idioma. Sólo así podrás aprovechar al 100% las oportunidades que existen aquí. Hablar bien inglés es imprescindible.

Y también sabemos que tienes poco tiempo para aprender y necesitas un curso rápido, que no sea complicado y con el que puedas aprender de forma divertida, dedicándole sólo unos pocos minutos al día. Tienes muchas cosas que hacer desde que te levantas hasta que te acuestas. **"Inglés en 100 días"** es el curso que andabas buscando.

¿Sabías que en español usamos de forma cotidiana sólo 500 palabras, si no tenemos en cuenta nuestras complicadas formas verbales? Pues bien, con **"Inglés en 100 días"**, en sólo 100 días te enseñaremos 1,000 palabras y frases esenciales del inglés americano. ¡El que necesitas para vivir y trabajar en los Estados Unidos!

Estados Unidos es el país que más oportunidades ofrece a quien emigra desde su país de origen buscando un futuro mejor. Venimos de países muy distintos a Estados Unidos. Renunciamos a muchas cosas cuando decidimos emigrar y las echamos mucho de menos. Ahora que estamos aquí, enseguida nos damos cuenta de que hablando inglés nuestras oportunidades son mucho mayores. ¡Dale! ¡Aprende inglés tú también!

Con **"Inglés en 100 días"** lo conseguirás en pocas semanas. Hemos creado este curso con mucho cariño, con mucho cuidado y siempre pensando en el inglés que tú necesitas. Hemos creado un personaje, Luis, un muchacho de Monterrey que llega a San Francisco a trabajar y a estudiar. A lo largo de las 30 unidades del curso, Luis irá experimentando las situaciones que tú has vivido ya o que vas a vivir muy pronto: pasar migraciones, encontrarse con amigos, buscar trabajo, pasar entrevistas, ir al supermercado, empezar a trabajar, comprar ropa, ir al banco, a la oficina de correos, etc.

Y para terminar, repasaremos juntos las 1,000 palabras y frases del inglés americano, con las que te defenderás en cualquier situación y en cualquier lugar.

Todos los que formamos parte de la Universidad del Inglés te deseamos mucho éxito en Estados Unidos. Hablar bien inglés te ayudará mucho. Ojalá que cuando termines este libro puedas decir que lo has logrado tú también. Con esa ilusión hemos trabajado mucho, pensando en ti siempre. Estaremos felices de escuchar tus comentarios y tu experiencia con nuestro curso, llámanos al teléfono 1-800-210-0344 o visítanos en www.ingles100dias.com

Con cariño,

Daniela Vives
Universidad del Inglés

INDICE

NIVEL 1

NIVEL 2

NIVEL 3

NIVEL 4

NIVEL 5

NIVEL 6

UNIDAD 1

EN ESTA UNIDAD APRENDEREMOS:

USEMOS EL IDIOMA
- Saludos
- Entregar algo a alguien
- Agradecimientos

ESTUDIEMOS LA GRAMÁTICA
- Pronombres personales (sujeto)
- El verbo to be

LLEGANDO A ESTADOS UNIDOS
MIGRACIONES

Luis Flores llega a los Estados Unidos desde México. En el aeropuerto, pasa por el control de Inmigraciones y por la Aduana.

1 DIÁLOGOS

Officer: Good afternoon. Where are you from?
Luis: Good afternoon. I'm from Monterrey, Mexico.

Oficial: **Buenas tardes.** ¿De dónde es usted?
L: **Buenas tardes. Soy de** Monterrey, México.

O: Is this **your** final destination?
L: Yes.

O: ¿Es éste **su** destino final?
L: Sí.

O: Your passport, **please**.
L: Yes, **here you are.**

O: Su pasaporte, **por favor.**
L: Sí, **aquí tiene.**

O: Fine. And your I-94 form, please.
L: **Excuse me?**

O: Bien. Y su forma I-94, por favor.
L: ¿**Disculpe?**

O: Your Immigration Form.
L: Oh, yes! It is in **my** bag. Just a
   minute, please... **There
   you are.**

O: Su Forma de Inmigraciones.
L: Ah, sí! Está en **mi** bolso. Un minuto, por
   favor... **Aquí tiene.**

O: Fill in your address in the
   United States, please. And the
   city and state.

O: Complete con su domicilio en los Estados
   Unidos, por favor. Y la ciudad y el estado.

L: Oh, yes. **I'm sorry.**
O: Here's a pen.
L: Thank you. Address in the United States... 2200 Folsom St. Right. City, San Francisco and state... California. Ready. **Here you are.**

L: Ah, sí. **Lo siento.**
O: Aquí tiene un bolígrafo.
L: Gracias. Domicilio en los Estados Unidos... 2200 Folsom St. Bien. Ciudad, San Francisco y estado... California. Listo. **Aquí tiene.**

O: **Thank you.** Well… here's your passport. Welcome to the United States.
L: **Thank you very much. Goodbye.**

O: Gracias. Bien… aquí tiene su pasaporte. Bienvenido a los Estados Unidos.
L: **Muchísimas gracias. Adiós.**

Customs Officer: Good afternoon. Do you have anything to declare?
L: Uh... no, nothing.
O: Could you open your suitcase, **please**?
L: Yes... it is a little difficult... now, that's it!

Oficial de Aduana: **Buenas tardes.** ¿Tiene algo para declarar?
L: Eh,... no, nada.
O: ¿Podría abrir su maleta, **por favor?**
L: Sí,... es un poco difícil... ahora, ¡ya está!

O: That's fine, thank you. Enjoy **your** stay in the United States.
L: **Thanks a lot.**

O: Muy bien, gracias. Disfrute **su** estadía en los Estados Unidos.
L: **Muchas gracias.**

2 USEMOS EL IDIOMA

a. Greetings - Saludos:

Cuando **llegas** a un lugar por la mañana, debes saludar diciendo:	**Good morning** (Buenos días)
Después del mediodía:	**Good afternoon** (Buenas tardes)
Al final de la tarde:	**Good evening** (Buenas tardes/noches)
Cuando te **despides**, cualquiera sea la hora, dices:	**Goodbye, Bye** o **Bye, bye** (Adiós)
y si te **vas a dormir:**	**Good night** (Buenas noches)

b. Giving someone something/Entregar algo a alguien:
Cuando le entregas algo a alguien,
puedes usar estas frases:

Here you are ── There you are

Aquí tiene

c. Thanking/Agradecimientos:

Thanks (Gracias)
Thank you (Gracias)
Thanks a lot (Muchas gracias)
Thank you very much
(Muchísimas gracias)

y te contestarán

You're welcome
(No hay de qué)

d. Fíjate en estas expresiones:

Cuando **pides algo:**	**Please** (Por favor)
Cuando **no escuchaste** o **no entendiste** lo que te dijeron:	**Excuse me?** (¿Disculpe?)
Cuando **pides disculpas:**	**I'm sorry** (Lo siento)

3 ESTUDIEMOS LA GRAMÁTICA

a. Pronombres personales
Para nombrar personas, animales, cosas o situaciones sin usar directamente su nombre, se usan los pronombres sujeto:

I	yo		We	nosotros, nosotras
You	tú, usted		You	vosotros/as, ustedes
He	él			
She	ella		They	ellos, ellas
It	para nombrar animales, cosas y situaciones			

Tom is American	Tom es americano
He is American	Él es americano
Miami is my final destination	Miami es mi destino final
It is my final destination	(...) Es mi destino final
Bill and Luis are friends	Bill y Luis son amigos
They are Mexican.	Ellos son mexicanos

b. El verbo **to be**:

El verbo "to be" tiene dos significados: "ser" y "estar". Se usa de la siguiente manera:

I **am** (Yo soy o estoy)

You **are** (Usted es o está)
    (Tú eres o estás)

He **is** (Él es o está)

She **is** (Ella es o está)

It **is** (Ello es o está)

We **are** (Nosotros/as somos o estamos)

You **are** (Ustedes son o están)

They **are** (Ellos/as son o están)

Ejemplos del verbo "to be" con el significado "ser":

I am Mexican (Yo soy mexicano)
We are Brazilian (Nosotros somos brasileños)

Ejemplos del verbo "to be" con el significado "estar":

He is in Miami (Él está en Miami)
They are in Miami (Ellos/as están en Miami)

UNIDAD 2

EN ESTA UNIDAD APRENDEREMOS:

USEMOS EL IDIOMA
- Saludos
- Presentaciones
- Agradecimientos

ESTUDIEMOS LA GRAMÁTICA
- *Preguntas usando el verbo "to be"*
- *Contracciones*
- *Pertenencia*
- *This y that*
- *Adjetivos descriptivos*

ENCONTRANDO AMIGOS

Luis se encuentra con su amigo Bill, que fue a buscarlo al aeropuerto con Annie, una amiga.

1 DIÁLOGOS

Bill: Luis! **Hi!**
Luis: Hello, Bill, **how are you?**

Bill: ¡Luis! ¡Hola!
Luis: Hola, Bill, ¿cómo estás?

B: I'm fine, and you?
L: I'm very well. Thank you for coming!

B: Yo estoy bien, ¿y tú?
L: Yo estoy muy bien. ¡Gracias por venir!

B: You're welcome. Oh, sorry! **This is my friend** Annie.
Annie: Hi, Luis. **Nice to meet you.** Welcome to San Francisco!

B: No hay de qué. ¡Oh, disculpa! Esta es mi amiga Annie.
Annie: Hola, Luis. Encantada de conocerte. ¡Bienvenido a San Francisco!

L: Thanks! **Nice to meet you, too.**
B: Are you tired?
L: Yes. The flight was very long.

L: Gracias. Encantado de conocerte a ti también.
B: ¿Estás cansado?
L: Sí. El vuelo fue muy largo.

B: How's your family?
L: They're O.K.

B: ¿Cómo está tu familia?
L: Ellos están bien.

A: Where exactly are you from?
L: **I'm from** Monterrey.

A: ¿De dónde eres exactamente?
L: Soy de Monterrey.

A: Is it a beautiful city?
L: Yes, it is. Very beautiful

A: ¿Es una linda ciudad?
L: Sí, lo es. Muy linda.

A: San Francisco is beautiful too.
L: And you? **Where are you from?**
A: **I'm from** Seattle.

A: San Francisco es bonita también.
L: ¿Y tú? **¿De dónde eres?**
A: Soy de Seattle.

L: Excuse me?
A: **I'm from** Seattle, Washington. It is near Canada.
L: Are you on vacation here?

L: ¿Disculpa?
A: Soy de Seattle, Washington. Está cerca de Canadá.
L: ¿Estás de vacaciones aquí?

A: No, I live and work in San Francisco.
L: Oh, I see!
A: Well, come this way, **my** car is in **that** parking lot.

A: No, vivo y trabajo en San Francisco.
L: Ah, entiendo.
A: Bien, vengan por aquí, **mi** automóvil está en **aquel** estacionamiento.

a. Para **saludar a personas que ya conoces** puedes decir:

Hello, how are you?	Hola ¿cómo está usted?
Hi, how are you?	Hola ¿cómo estás tú?

Y **para responder** a este saludo puedes decir:

I'm fine, thanks (Estoy bien, gracias)
I'm very well, thanks (Estoy muy bien, gracias)
I'm O.K, and you? (Estoy bien, y tú/usted?)

b. Fíjate cómo se hacen las **presentaciones**:

Si te **presentas a ti mismo,** puedes decir:

My name is María Fontana	**Mi nombre es** María Fontana
Hello, **I'm** María	Hola, **yo soy** María

Cuando **presentas a otra persona,** puedes decir:

This is my friend Annie	**Esta es** mi amiga Annie

Cuando **las personas presentadas** se saludan, dicen:

Nice to meet you	Encantado de conocerte
Nice to meet you too	Encantada de conocerte a ti también

c. Veamos cómo le **agradeces** a alguien algo que hizo por ti:

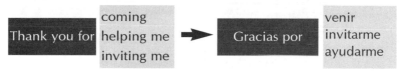

Thank you for	coming helping me inviting me	➡	Gracias por	venir invitarme ayudarme

a. Para **hacer preguntas usando el verbo to be** debemos cambiar de lugar al verbo y colocarlo al principio de la frase:

Afirmación: She is   your friend (Ella es tu amiga)

Pregunta: Is she   your friend? (¿Es ella tu amiga?)

Al escribir, **se agrega** un solo signo de interrogación (?) al final de la oración.

Is he from Monterrey?	**¿Es él** de Monterrey?
Are you tired?	**¿Estás** cansado?
Are they friends?	**¿Son** ellos amigos?
Is it beautiful?	**¿Es** linda?
Is he happy?	**¿Es él** feliz?

b. En inglés, especialmente al hablar, muchas veces se omiten algunas letras y se juntan las palabras. Son lo que se llama **"contracciones"**, y en el lugar de la letra que no se dice va un apóstrofo ('). La pronunciación de las palabras es diferente cuando se juntan. Veamos lo que sucede con el verbo "to be" en afirmaciones:

I **am**	I**'m**	I'm from Portugal
You **are**	You**'re**	You're at the airport
He **is**	He**'s**	He's from Mexico
She **is**	She**'s**	She's my friend
It **is**	It**'s**	It's interesting
We **are**	We**'re**	We're happy
You **are**	You**'re**	You're tired
They **are**	They**'re**	They're from California

También hay contracciones con los nombres:

Bill's from the U.S.   **Bill is** from the U.S.

Annie's from Seattle   **Annie is** from Seattle

En las **preguntas** con el verbo "to be" **las contracciones no se usan:**

Are you from Mexico?   **Is** she American?

c. Para indicar pertenencia estudiaremos en esta lección dos palabras:

My (mi)	My name is Luis	Mi nombre es Luis
Your (tu, su)	What's your name?	¿Cuál es tu/su nombre?

d. This y **that:** Se refieren a personas, cosas y animales sobre los que estamos hablando, como si los estuviéramos señalando:

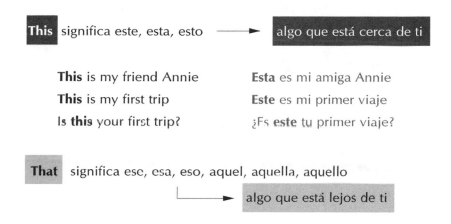

This significa este, esta, esto ⟶ algo que está cerca de ti

This is my friend Annie	**Esta** es mi amiga Annie
This is my first trip	**Este** es mi primer viaje
Is **this** your first trip?	¿Es **este** tu primer viaje?

That significa ese, esa, eso, aquel, aquella, aquello

⟶ algo que está lejos de ti

Is **that** your bag?	¿Es **ese/aquel** tu bolso?
That's my friend Annie	**Aquella/Esa** es mi amiga Annie
My car is in **that** parking lot	Mi automóvil está en **aquel** estacionamiento

e. Para describir a personas, cosas, animales o situaciones se usan **adjetivos,** que son palabras que nos dan información sobre sus características, por ejemplo: peso, duración, aspecto, sensación, etc.

Are you **tired**?	¿Estás **cansado?**
The flight is **long**	El vuelo es **largo**
I'm really **happy**	Estoy muy **contento**
It's a **beautiful** city	Es una **linda** ciudad

UNIDAD 3

EN ESTA UNIDAD APRENDEREMOS:

USEMOS EL IDIOMA
- *Saludos*
- *Invitaciones*
- *Sugerencias*
- *Nacionalidades*
- *Idiomas*

ESTUDIEMOS LA GRAMÁTICA
- *Contracciones en negaciones*
- *Presente continuo*
- *Pronombres personales*

CIUDAD NATAL
LA FAMILIA

Bill invitó a Annie a cenar al departamento que ahora comparte con Luis.

1 DIÁLOGOS

Bill: Hi, Annie. **Come in,** please.
How are you doing?
Annie: I'm fine, and you?

Bill: Hola, Annie. **Pasa,** por favor. ¿Cómo estás?
Annie: Bien, ¿y tú?

B: I'm O.K, thanks. **I'm watching** tv
A: And Luis? **Is he sleeping?**

B: Yo estoy bien, gracias. **Estoy mirando** televisión.
A: ¿Y Luis? ¿**Está durmiendo?**

B: No, **he isn't.** He's in the kitchen.
Luis, Annie's here!
Luis: Oh, hi Annie, **how's it going?**

B: No. Está en la cocina. ¡Luis, Annie está aquí!
Luis: Oh, hola Annie, ¿Cómo va todo?

A: Very well, and you? Are you still tired?
L: No, **I'm not tired** now. I'm fine.

A: Muy bien, ¿y tú? ¿Estás cansado todavía?
L: No, ahora no estoy cansado. Estoy bien.

B: Let's take a seat!
A: Bill, **are** you **cooking** dinner?

B: ¿Nos sentamos?
A: Bill, ¿estás cocinando la cena?

B: No, **I'm not.** Luis **is cooking** a typical Mexican dish.
A: Oh, I love **Mexican** food! ¡Me encanta!

B: No. Luis está cocinando un plato típico mexicano.
A: ¡Ah, me encanta la comida mexicana!

L: Hey, you speak **Spanish!**
A: Un poco. A little. **I'm studying** Spanish at the university.

L: ¡Hey, tú hablas **español!**
A: Un poco. **Estoy estudiando** español en la universidad.

L: Only Spanish?
A: No, **I'm** also **studying Italian** and **German**.

L: ¿Sólo español?
A: No, también **estoy estudiando** italiano y alemán.

L: Well, I teach you Spanish and you teach **me English!**
A: **Sounds good!**

L: Bien ¡yo **te** enseño español y tú me enseñas inglés!
A: ¡Suena bien!

B: Who is going to help **me** with the food here?
L: **I'm coming!** I'm coming!

B: ¿Quién **me** ayuda con la comida aquí?
L: **¡Ya voy,** ya voy!

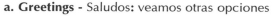

a. Greetings - Saludos: veamos otras opciones

How are you doing?	¿Cómo estás?
How is it going?	¿Cómo va todo?
How are things?	¿Cómo están las cosas?
Hello, there!	¡Hola!

b. Cuando **invitas a alguien a tu casa** estas frases pueden ser útiles:

Come in, please

Come on in, please } Pasa, por favor

c. Cuando **sugieres hacer algo**, puedes usar **let's (let us: permítenos)** de esta forma:

Let's	take a seat	¿Nos sentamos?
	watch a movie	¿Miramos una película?
	look at some photos	¿Miramos algunas fotos?

d. Algunos países y sus nacionalidades e idiomas. Fíjate que siempre se escriben con letra mayúscula:

1) Países en los cuales la nacionalidad y el idioma se dicen igual:

Country (País)	Nationality (Nacionalidad)	Language (Idioma)
England (Inglaterra)	English (Inglés/a)	English (Inglés)
Spain (España)	Spanish (Español/a)	Spanish (Español)
Germany (Alemania)	German (Alemán/a)	German (Alemán)
Japan (Japón)	Japanese (Japonés/a)	Japanese (Japonés)
China (China)	Chinese (Chino/a)	Chinese (Chino)
Italy (Italia)	Italian (Italiano/a)	Italian (Italiano)

2) Países en los cuales la nacionalidad y el idioma se dicen de manera diferente:

Country (País)	Nationality (Nacionalidad)	Language (Idioma)
Colombia	Colombian (Colombiano/a)	Spanish (Español)
United States	American (Norteamericano)	English (Inglés)
Venezuela	Venezuelan (Venezolano)	Spanish (Español)
Puerto Rico	Puerto Rican (Puertorriqueño/a)	Spanish (Español)
Brazil	Brazilian (Brasileño/a)	Portuguese (Portugués)
Mexico	Mexican (Mexicano/a)	Spanish (Español)

e. Fíjate en esta frase que se usa en el idioma coloquial:

I'm coming! (¡Ya voy!) ●—— Cuando alguien te llama, por ejemplo, desde otro lugar de la casa

3 ESTUDIEMOS LA GRAMÁTICA

a. Las contracciones pueden aplicarse también en las negaciones. Existen dos maneras de formar las contracciones con todos los pronombres, excepto con **I**:

I am not	**I'm not**	**I'm not** Spanish	Yo **no soy** español
You are not	**You're not** / **You aren't**	You **aren't** tired	Tú **no estás** cansado
She is not	**She's not** / **She isn't**	She's **not** in the kitchen	Ella **no está** en la cocina
He is not	**He's not** / **He isn't**	He **isn't** Italian	Él **no es** italiano
It is not	**It's not** / **It isn't**	It's **not** my car	**No es** mi automóvil
We are not	**We're not** / **We aren't**	We **aren't** Canadian	Nosotros **no somos** canadienses
You are not	**You're not** / **You aren't**	You're **not** tired	Ustedes **no están** cansados
They are not	**They're not** / **They aren't**	They **aren't** Spanish	Ellos **no son** españoles

b. Los tiempos verbales nos sirven para expresar en qué momento están sucediendo las acciones de las que hablamos. El primero que estudiaremos se llama: **Present Continuous** (Presente Continuo). Se forma con el verbo **to be + otro verbo** que termina en **-ing**:

I am | watch | ing tv

To be + watch + ing

Estoy mirando televisión

> Se usa para indicar **acciones que están ocurriendo en el momento en que se está hablando:**
> Luis **is cooking** dinner   Luis **está cocinando** la cena

Podemos usarlo con estas expresiones: **now** (ahora) y **right now** (en este momento):

Luis **is cooking** dinner **right now**   Luis **está cocinando** la cena **en este momento**

> Y para indicar **acciones que están ocurriendo en un período más extendido de tiempo** (hoy, esta semana, este mes, este año):
> I **am studying** English   Estoy **estudiando** inglés

Podemos usarlo con estas expresiones:

this week (esta semana)   **this month** (este mes)
these days (estos días)   **this year** (este año)

Afirmaciones

I **am studying** (Yo estoy estudiando)
You **are studying** (Tu estás estudiando)
He **is studying** (El está estudiando)
She **is studying** (Ella está estudiando)
It **is studying**

We **are studying** (Nosotros estamos estudiando)
You **are studying** (Ustedes están estudiando)

They **are studying** (Ellos están estudiando)

Negaciones : se forman agregando **not** entre el verbo **to be** y el otro verbo:

I **am not** studying (Yo **no estoy** estudiando)   We **are not** studying (Ellos **no están** estudiando)
You **are not** studying (Tu **no estás** estudiando)   You **are not** studying (Ustedes **no están** estudiando)
He **is not** studying (El **no está** estudiando)
She **is not** studying (Ella **no está** estudiando) } They **are not** studying (Ellos **no están** estudiando)
It **is not** studying

Preguntas: Se forman colocando primero el verbo **to be**, después el
pronombre y luego el otro verbo + **ing**:

Am I studying? (¿Estoy yo estudiando?)   **Are we** studying? (¿Estamos nosotros estudiando?)
Are you studying? (¿Estás tu estudiando?)   **Are you** studying? (¿Están ustedes estudiando?)
Is he studying? (¿Está él estudiando?)
Is she studying? (¿Está ella estudiando?) } **Are they** studying? (¿Están ellos estudiando?)
Is it studying?

c. Los **pronombres objeto** son pronombres personales que se usan **después del verbo:**

Pronombre Sujeto (delante del verbo)	Pronombre Objeto (después del verbo)
I (yo)	me (me-a mí)
You (tú)	you (te-a ti)
He (él)	him (le-lo-a él)
She (ella)	her (le-la-a ella)
It (ello)	it (le-lo-a ello)
We (nosotros/as)	us (nos-a nosotros/tras)
You (Ustedes)	you (a ustedes)
They (Ellos/as)	them (a ellos/as-les-las-los)

You are teaching **me** English   Tú **me** estás enseñando inglés **(a mi)**
I am teaching **you** Spanish   Yo **te** estoy enseñando español **(a ti)**
He is showing **her** some photos   Él **le** está mostrando **a ella** algunas fotos
She is helping **him**   Ella **lo** está ayudando **(a él)**
I know **it**   Yo **lo** sé
We are teaching **you** English   Nosotros **les** estamos enseñando
        (a ustedes) inglés

You are helping **us**   Ustedes **nos** están ayudando **(a nosotros)**
I am showing **them** a photo   Yo **les** estoy mostrando **a ellos** una foto

UNIDAD 4

EN ESTA UNIDAD APRENDEREMOS:

USEMOS EL IDIOMA
- *Familia*
- *La cara*
- *Describir partes de la cara*
- *Preguntar edad*
- *Números del 1 al 50*

ESTUDIEMOS LA GRAMÁTICA
- *"To have" y pertenencia*
- *"Be like" y "look like"*
- *Artículo indefinido ("a/an")*
- *Adjetivos: personalidad y aspecto físico*

ORÍGENES
COMPOSICIÓN
FAMILIAR

Después de cenar, Luis, Annie y Bill miran fotos familiares y hablan de sus orígenes y sus familias.

1 DIÁLOGOS

Luis: Look, I **have** some photos of my family.
Annie: Great! I love photos.

Luis: Miren, **tengo** algunas fotos de mi familia.
Annie: ¡Fantástico! Me encantan las fotos.

L: This is my **father**, Antonio. And this is my **mother**. **Her** name's Amparo.

L: Este es mi **padre**, Antonio. Y esta es mi **madre, su** nombre es Amparo.

A: Wow, you **look like** your **father!**
His hair... and **his eyebrows**...
And your **mother** is very beautiful.

A: ¡Guau, **te pareces** a tu padre! Su cabello... y
sus cejas... Y tu **madre** es muy bonita.

L: Oh, yes! And she's a very **nice**
person, too. This is Andrés, my
brother. He's very **tall** and **thin.**
And very **funny!**

L: ¡Ah, sí! Y es una persona **encantadora** también. Este es Andrés, mi hermano. Es muy **alto**
y **flaco.** ¡Y muy divertido!

A: And this girl with **curly hair** and
big brown eyes?
L: She's Rosa, my **sister.**

A: ¿Y esta chica con **cabello** enrulado y ojos
grandes marrones?
L: Es Rosa, mi **hermana.**

A: **How old is she?**
L: **She's 18.** She's **a** very **sweet** and
intelligent girl. And you, Annie?
Tell me about your family.

A: ¿Cuántos años tiene?
L: Tiene 18 años. Es una chica muy **dulce** e
inteligente. ¿Y tú, Annie? **Cuéntame** sobre tu
familia.

A: Well, my **parents** live in Seattle, my hometown. And I have **a brother. His** name's Patrick and **he's 23 years old.** I have **a** photo... here you are.

A: Bueno, mis **padres** viven en Seattle, mi ciudad natal. Y tengo **un hermano. Su** nombre es Patrick y **tiene 23 años.** Tengo **una** foto... aquí tienes.

L: You **look like** your **father** too. **Fair hair…** and **blue eyes…**
A: Yes, but **I am like** my **mother, cheerful** and a little **absent-minded.**

L: Tú también te **pareces** a tu **padre. Cabello rubio…** y **ojos azules…**
A: Sí, pero **soy** como mi **madre, alegre** y un poco **distraída.**

Bill: Well, **guys,** this conversation is very interesting but **let's watch a movie,** O.K?

Bill: Bueno, **chicos,** esta conversación es muy interesante pero, **¿miramos una película?**

A and L: Great idea!

A y L: ¡Buena idea!

a. Hablemos **de la familia**

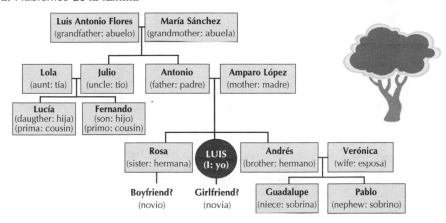

b. Pidámosle a alguien que nos **cuente sobre su familia:**

Tell me about your family   **Cuéntame sobre** tu familia

c. Partes de la cara:

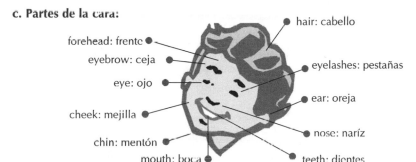

hair: cabello

forehead: frente

eyebrow: ceja

eye: ojo

cheek: mejilla

chin: mentón

mouth: boca

eyelashes: pestañas

ear: oreja

nose: naríz

teeth: dientes

d. Puedes **describir las partes de la cara** de esta forma:

Hair (cabello):	black (negro) brown (castaño) blonde (rubio) red (pelirrojo) curly (enrulado) wavy (ondulado) straight (lacio) long (largo) short (corto)
Eyes (ojos):	blue (azul) light blue (celeste) brown (marrón) green (verde) big (grande) small (pequeño)

e. Cuando **te diriges a un grupo de gente de manera informal**, puedes usar la palabra **guys**, que quiere decir chicos/chicas/gente y es muy común en el lenguaje de todos los días:

Well, **guys**, this conversation is very interesting but let's watch a movie, o.k?
(Bill les está hablando a Luis y a Annie.)

f. Para **preguntar la edad y para decirla**, debes usar el verbo **to be,** mientras que en español usamos el verbo tener:

How old **are** you?   ¿Cuántos años **tienes** tú?

I'm 23 years old
I'm 23   } **Tengo** 23 años.

g. Los números del 1 al 50:

1 one	**6** six	**11** eleven	**16** sixteen	**21** twenty-one	**26** twenty-six
2 two	**7** seven	**12** twelve	**17** seventeen	**22** twenty-two	**27** twenty-seven
3 three	**8** eight	**13** thirteen	**18** eighteen	**23** twenty-three	**28** twenty-eight
4 four	**9** nine	**14** fourteen	**19** nineteen	**24** twenty-four	**29** twenty-nine
5 five	**10** ten	**15** fifteen	**20** twenty	**25** twenty-five	**30** thirty
					40 forty
					50 fifty

3 ESTUDIEMOS LA GRAMÁTICA

a. El verbo **to have (tener):**
Fíjate cómo se usa **has** en vez de **have** con he/she/It.

I **have** (Yo tengo)	We **have** (Nosotros/as tenemos)
You **have** (Usted tiene/Tú tienes)	You **have** (Ustedes tienen)
He **has** (Él tiene)	
She **has** (Ella tiene)	They **have** (Ellos/as tienen)
It **has** (Ello tiene)	

b. En la Lección 1B estudiamos **my** y **your**, que se usan para indicar posesión. Ahora completaremos la lista de adjetivos posesivos:

my: mi	**our:** nuestro
your: tu/su (de usted)	**your:** su (de ustedes)
his: su (de él)	
her: su (de ella)	**their:** su (de ellos/as)
its: su (de animal o cosa)	

I have a brother. **His** name's Patrick.   Tengo un **hermano**. **Su** nombre es Patrick.
This is my mother. **Her** name's Amparo.   Esta es mi **madre**. **Su** nombre es Amparo.

c. Comparemos estas dos expresiones:
be like (am/is/are) and **look like**:
be like (am/is/are) se usa cuando te refieres a la **personalidad** de una persona:

I'**m like** my mother, a little absent-minded
Soy como mi madre, un poco distraída

look like se usa cuando te refieres a su **aspecto físico**:

You **look like** your father
Te pareces físicamente a tu padre

d. El artículo indefinido **a** significa **un/una** y se usa cuando la palabra que sigue se escribe con consonante. Cuando la palabra que sigue comienza con vocal, se usa **an:**

a restaurant	**un** restaurante	**an** uncle	**un** tío
a brother	**un** hermano	**an** American	**un/a** norteamericano/a

e. Estudiemos estos adjetivos que nos ayudan a describir **la personalidad** o **el aspecto físico** de las personas:

Personalidad	Aspecto físico
nice: agradable	tall: alto/a
funny: divertido/a	short: bajo/a
sweet: dulce	thin: delgado/a
intelligent: inteligente	overweight: excedido/a de peso
cheerful: alegre	
absent-minded: distraído/a	

She's a very **nice** person   Es una persona muy **agradable**
He's very **tall**   Él es muy **alto**
He's very **thin** and quite **funny** Él es muy **flaco** y bastante **divertido**
She's a very **intelligent** girl   Ella es una chica muy **inteligente**

UNIDAD 5

EN ESTA UNIDAD APRENDEREMOS:

USEMOS EL IDIOMA
- ¿A qué te dedicas?
- Recibir invitados
- Invitar a sentarse
- Expresiones de agrado
- Levantar el ánimo
- "Week" y "weekend"

ESTUDIEMOS LA GRAMÁTICA
- Presente simple
- Adverbios de frecuencia

CENANDO CON AMIGOS

Bill, Annie y Luis se encuentran para cenar en el departamento de Annie.

1 DIÁLOGOS

Annie: Hi! Welcome to my home! Let me take your coats.
Bill and Luis: Here you are. Thank you.

Annie: ¡Hola! ¡Bienvenidos a mi casa! Permítanme sus abrigos.
Bill and Luis: Aquí tienes. Gracias.

L: Wow! Annie, you have a beautiful apartment. What a nice view!

L: Annie, tienes un departamento hermoso. ¡Qué bella vista!

A: Oh, yes, thank you! Please, have a seat and **help yourselves** to some drinks.

A: Ah, sí, gracias. Por favor, siéntense y **sírvanse** algo para beber.

L: Thanks. Do you cook?

L: Gracias. ¿Tú cocinas?

A: (laughing) No, **I don't.** Really, I **never** cook. I **usually** eat out. But this is a special occasion.
L: Oh! Thanks a lot!

A: (riéndose) No, **no cocino.** En realidad, **nunca** cocino. Como afuera **usualmente.** Pero esta es una ocasión especial.
L: ¡Muchas gracias!

B: Hey, Annie! You have a lot of movies! **Do you watch** movies on weekends?

B: ¡Annie, tienes un montón de películas! ¡**Miras** películas los fines de semana?

A: I always watch a movie and try to relax.
B: She generally works a lot during the week, so she doesn't work on weekends. She likes to relax.

A: Siempre miro una película y trato de relajarme.
B: Ella generalmente trabaja mucho durante la semana, por eso no trabaja los fines de semana. Le gusta relajarse.

L: I see.

L: Entiendo.

A: Luis, how do you feel in San Francisco?
L: I feel a bit homesick but I'm fine.
B: Cheer up! This is your first weekend in San Francisco. We'll show you the city.

A: Luis, ¿cómo te sientes en San Francisco?
L: Me siento un poco nostálgico, pero estoy bien.
B: ¡Arriba el ánimo! Este es tu primer fin de semana en San Francisco. Te mostraremos la ciudad.

A: Dinner is ready! Let's begin with this homemade green salad.

A: ¡La cena está lista! Comencemos por esta ensalada verde casera.

a. Para **preguntarle a alguien cuál es su trabajo,** dirás:

What do you do? ¿Qué haces? ¿A qué te dedicas?
What's your job? ¿Cuál es tu trabajo?

b. Cuando **llegan invitados a tu casa**, puedes recibirlos de la siguiente manera:

Welcome to my home! $\left\{\begin{array}{l}\text{¡Bienvenido/a a mi casa!}\\\text{¡Bienvenidos/as a mi casa!}\end{array}\right.$

Can I take your coats? **¿Pueden darme** sus abrigos?
Let me take your coats **Permítanme** sus abrigos

c. Para **invitarlos a que se sirvan comida o bebida**, puedes decir:

Help yourself to some drinks, please   **Sírvete/Sírvase** algo para
↓   beber, por favor
Singular, 1 persona

Help yourselves to some drinks, please   **Sírvanse** algo para beber,
↓   por favor
Plural, más de una persona

d. Puedes **expresar que algo te agrada** de la siguiente manera:

What a nice apartment!   ¡**Qué** hermoso departamento!
beautiful view!   bella vista!
delicious dinner!   cena deliciosa!

e. Fíjate en esta expresión que se usa para **levantarle el ánimo a una persona:**
Cheer up!   **¡Arriba el ánimo!**

f. Las palabras **week** (semana) y **weekend** (fin de semana)

I work a lot **during the week**   Yo trabajo mucho **durante la semana**
This is your first **weekend** here   Este es tu primer **fin de semana** aquí

3 ESTUDIEMOS LA GRAMÁTICA

a. El tiempo Presente Simple **(Simple Present)** se usa:

- para describir **hábitos o rutinas**:

He **plays** basketball	Él **juega** al basquetbol
She **works** a lot	Ella **trabaja** mucho

-con el verbo **to be** para expresar **situaciones o estados permanentes**:

She **is** very beautiful	Ella **es** muy bonita
My father **is** a doctor	Mi padre **es** médico

-para expresar **posesión**, con el verbo **to have** (tener):

You **have** a beautiful apartment	**Tienes** un departamento hermoso

Oraciones afirmativas

Se debe **agregar una -s** con **he/she/it**. Tomaremos como ejemplo el verbo **live** (vivir):

I live (Yo vivo)

You live (Tú vives/Usted vive)

We live (Nosotros/as vivimos)

You live (Ustedes viven)

He lives (Él vive)
She lives (Ella vive)
It lives (Ello vive)

They live (Ellos viven)

Oraciones interrogativas

Cuando preguntamos, se usa el auxiliar **do** o **does**, que no se traduce.
En la tercera persona del singular (**he/she/it**) al usar el auxiliar **does** para hacer la pregunta, **el verbo no lleva -s**.

Do I live? (¿Vivo yo?)

Do you live? (¿Vives tú/Vive usted?)

Do we live? (¿Vivimos nosotros/as?)

Do you live? (¿Viven ustedes?)

Does

he live? (¿Vive él?)
she live? (¿Vive ella?)
it live? (¿Vive ello?)

Do they live? (¿Viven ellos/as?)

El verbo no lleva -s

Oraciones negativas

Se usa el auxiliar en su forma negativa **do not/don't** o **does not/doesn't**.
Se traduce como "no".
En la tercera persona **he/she/it**, al usar el auxiliar, **el verbo no lleva -s**.

I **do not/don't** live (Yo no vivo)

We **do not/don't** live
(Nosotros/as no vivimos)

You **do not/don't** live (Tú no vives)

You **do not/don't** live
(Usted no vive) (Ustedes no viven)

He ⎫ (Él no vive)
She ⎬ **does not/doesn't** live (Ella no vive)   They **do not/don't** live
It ⎭ (Ello no vive)   (Ellos/as no viven)

El verbo no lleva -s

Fíjate cómo el auxiliar **do not** o **does not** -en su forma contraída- se usa en las conversaciones:

I **do not**	I **don't**	We **do not**	We **don't**
You **do not**	You **don't**	You **do not**	You **don't**
He **does not**	He **doesn't**		
She **does not**	She **doesn't**	They **do not**	They **don't**
It **does not**	It **doesn't**		

b. Estudiemos las siguientes palabras que **nos sirven para expresar frecuencia:**

always (100%)	siempre	sometimes (50%)	algunas veces
usually	usualmente	rarely	raramente
generally	generalmente	never (0%)	nunca
often	a menudo		

Estas palabras se llaman **adverbios** y modifican a los verbos. Se colocan por lo general delante del verbo.

I **always** cook on weekends   Yo **siempre** cocino los fines de semana
He **often** watches tv   Él **a menudo** mira televisión
We **never** go to the movies   Nosotros **nunca** vamos al cine

Sometimes se usa también al principio de la oración:

Sometimes I cook ⎫
I **sometimes** cook ⎭   **A veces** cocino

Si se usa el verbo **to be**, el adverbio se coloca **detrás del verbo:**

She's **never** happy   Ella **nunca** está contenta
He's **usually** tired   Él está **usualmente** cansado
We're **never** tired   Nosotros **nunca** estamos cansados

APUNTES

NIVEL 1

NIVEL 2

NIVEL 3

NIVEL 4

NIVEL 5

NIVEL 6

UNIDAD 6

EN ESTA UNIDAD APRENDEREMOS:

USEMOS EL IDIOMA
- Partes del día
- Actividad física

ESTUDIEMOS LA GRAMÁTICA
- Respuestas cortas "do" y "does"
- Tercera persona en verbos
- Gustar y disgustar
- Agradar y desagradar
- "Also" y "too"

PRIMER FIN DE SEMANA DE PASEO

Es viernes por la tarde. Annie, Bill y Luis se encuentran para planear el primer fin de semana de Luis en San Francisco.

1 DIÁLOGOS

Annie: Let's plan our weekend. Luis, **what do you want to do?**
Luis: I **don't know. Do you do** anything special on weekends?

Annie: Vamos a planear nuestro fin de semana. Luis, ¿qué quieres hacer?
Luis: No lo sé. ¿Ustedes hacen algo especial los fines de semana?

A: It depends. I generally **go jogging** or **cycling** in the morning. And in the evening, I **go** to the movies or to a disco with my friends.

A: Depende. Yo generalmente **salgo a correr** o a **andar en bicicleta** a la mañana. Y a la noche, **voy** al cine o a una discoteca con mis amigas.

L: How often do you go to the
movies?
A: Four or five times a month.

L: ¿Con qué frecuencia vas al cine?
A: Cuatro o cinco veces al mes.

L: And you Bill, what **do you do** on
weekends?

L: Y tú Bill ¿qué haces los fines de semana?

Bill: I **surf** the Internet or **rent**
movies.

Bill: **Navego** por Internet o **alquilo** películas.

A: And he **loves watching** football
on tv!

A: ¡Y le **encanta mirar** fútbol americano por televisión!

B: Do you like cycling, Luis?
L: Yes, **I** really **enjoy cycling** and **swimming.**

B: ¿**Te gusta andar** en bicicleta, Luis?
L: Sí, **disfruto** mucho **andar en bicicleta** y **nadar.**

A: Oh, I go swimming twice a week. And I **love cycling,** too.

A: Yo **voy a nadar dos veces por semana.** Y también me **encanta andar en bicicleta.**

B: So, let's get our bycicles and go to Pier 39. There are lots of restaurants and street shows. We can see the bay and the Golden Gate.

B: Entonces, tomemos nuestras bicicletas y vayamos al Muelle 39. Hay montones de restaurantes y de espectáculos callejeros. Podemos ver la bahía y el Golden Gate.

L: Great!

L: ʹFantástico!

a. Ahora estudiemos estas frases para referirnos a las **diferentes partes del día:**

in the morning	a la mañana	**at** night	a la noche
afternoon	la tarde	evening	la noche

Para **preguntar con qué frecuencia alguien realiza una actividad**, debes decir:

How often do you play tennis?	¿**Con qué frecuencia** juegas tenis?
does she go swimming?	va ella a nadar?
do they go to the movies?	van ellos al cine?

Para indicar una frecuencia de **una** o **dos** veces, se usa **once** o **twice:**

Once a month	**Una vez** por mes
Twice a year	**Dos veces** al año
She goes jogging **once** a week	Ella va a correr **una vez** por semana
They play tennis **twice** a month	Ellos/as juegan al tenis **dos veces** por mes

Para indicar una **frecuencia mayor** se usa el **número + times** (veces):

Three times a week	**Tres veces** por semana
Four times a day	**Cuatro veces** por día
He rides his bicycle **three times** a week	Él anda en bicicleta **tres veces** por semana
I go swimming **four times** a month	Voy a nadar **cuatro veces** por mes

b. Observa los verbos que debes usar para nombrar estas actividades:

go + actividad física:	go jogging swimming walking	ir a correr nadar caminar
play + deporte con pelota:	play tennis football baseball basketball	jugar al tenis fútbol americano béisbol basquetbol
do + actividad física:	do yoga exercise	hacer yoga ejercicio

a. Para dar **respuestas cortas a preguntas por sí o por no** que comienzan con **do/does**, lee los siguientes diálogos:

Do you speak English?	¿Hablas inglés?
Yes, I **do** / No, I **don't**	Sí, (lo hago) / No, (no lo hago)

Does she cook?	¿Cocina ella?
Yes, she **does**	Sí, (lo hace)
No, she **doesn't**	No, (no lo hace)

b. Se les agrega **-s** a la mayoría de los verbos en las oraciones afirmativas en el tiempo Presente Simple cuando se los usa con **he/she/it:**

He works	He play**s**
She cooks	She enjoy**s**
It depends	It make**s**

Se agrega **-es** cuando el verbo termina en **–sh, -ch, -s, -x, -o, -z**:

I wa**sh**	She wash**es**
You tea**ch**	He teach**es**
We ki**ss**	She kiss**es**
They rela**x**	It relax**es**
We **do**	He does gym
They **go**	He goes out

-y cambia por **-ies** cuando está después de una consonante:

I cry	She cr**ies**
I try	He tr**ies**

c. Para decir qué **cosas te gustan o te disgustan** puedes usar estos verbos:

love   like   enjoy   hate   +   sustantivo (cosa)

I **love** chocolate	Me **encanta** el chocolate
Do you **like** pizza?	¿Te **gusta** la pizza?
She **enjoys** parties	Ella **disfruta** de las fiestas
They **hate** salad	Ellos **odian** la ensalada
We **don't like** movies	**No** nos **gustan** las películas
He **doesn't like** coffee	A él **no** le **gusta** el café

d. Para hablar de **actividades** que **te agradan** o **desagradan** debes usar:

love   like   enjoy   hate   +   verbo   +   ing (acción)

I **love** swimm**ing**	Me **encanta** nadar
Do you **like** jogg**ing**?	¿Te **gusta** salir a correr?
She **enjoys** riding her bike	Ella **disfruta** andar en bicicleta
They **hate** doing gym	Ellos **odian** hacer gimnasia
We don't **like** cooking	**No** nos **gusta** cocinar
He doesn't **like** playing tennis	A él **no** le **gusta** jugar al tennis

e. Also y **too** significan **también**:

Se pueden usar delante del verbo o al final de la oración

I like movies and I **also** like reading
Me gustan las películas y **también** me gusta leer

She likes tea and she **also** likes coffee
A ella le gusta el té y **también** el café

She enjoys dancing and singing, **too**
Ella disfruta del baile y del canto **también**

She hates pizza and pasta, **too**
Ella odia la pizza y la pasta **también**

UNIDAD 7

EN ESTA UNIDAD APRENDEREMOS:

USEMOS EL IDIOMA
- *Preguntar sobre el trabajo*
- *Actividad profesional*
- *Expresiones de interés*

ESTUDIEMOS LA GRAMÁTICA
- *Respuestas cortas con "to be"*
- *Hacer preguntas*
- *Respuestas afirmativas cortas*
- *Respuestas negativas cortas*
- *Preguntas con palabras interrogativas*

HABLANDO DE TRABAJO CON LOS AMIGOS

Luis y Bill están desayunando y hablando sobre trabajos.

1 DIÁLOGOS

Luis: Hey, Bill, **are you studying?**
Bill: Yes, I am. But I'm tired. I need a break!

Luis: Bill, ¿estás estudiando?
Bill: Sí. Pero estoy cansado. °Necesito un descanso!

L: Here, have a cup of coffee.
B: Thanks a lot!

L: Aquí tienes, bebe esta taza de café.
B: °Muchas gracias!

a. Para **preguntarle a alguien cuál es su trabajo,** dirás:

What do you do?	¿Qué haces? ¿A qué te dedicas?
What's your job?	¿Cuál es tu trabajo?

b. Para contestar **de qué trabajas,** puedes decir:

I am a
- graphic designer
- front desk clerk
- tourist guide

Soy
- diseñador gráfico
- recepcionista
- guía de turismo

I work as
- a graphic designer
- a front desk clerk
- a tourist guide

Trabajo como
- diseñador gráfico
- recepcionista
- guía de turismo

y si quieres contar **para quién trabajas,** puedes decir:

I work for
- Desart
- the High Hills Hotel
- Travel and Fun

Trabajo en
- Desart
- el High Hills Hotel
- Travel and Fun

c. Cuando **te parece interesante algún comentario,** puedes decir

Sounds good!	**¡Suena** bien!
interesting!	interesante!
like a lot of fun!	muy divertido!

I design ads for newspapers   Diseño anuncios para diarios
¡Sounds like a lot of fun!   **¡Suena muy divertido!**

a. Cómo dar **respuestas cortas** a **preguntas por sí o por no** con el verbo **to be**: **Oraciones afirmativas:**

> Debes usar el **pronombre** y el verbo **to be** sin contracciones

- **Presente Continuo:** ——— **Are you** studying?
  Yes, **I am**

- **Presente Simple:** ——— **Is your job** very tiring?
  Yes, **it is**

Oraciones negativas:

> Debes usar el **pronombre** y el verbo **to be + not.** Puedes usar contracciones

- **Presente Continuo:**——— **Are you** studying?
  No, **I'm not**

- **Presente Simple:**——— **Is your job** very tiring?
  No, **it is not** (sin contracción)
  it's not ⎫
  it isn't ⎭ (con contracción)

b. Cómo hacer **preguntas por sí o por no** en Presente Simple **con todos los demás verbos:**

En este caso se usan los **auxiliares DO** y **DOES** de la siguiente manera:

DO con los pronombres **I, You, We, They**	**DOES** con los pronombres **He, She, It**

Fíjate el orden de las palabras en la pregunta:

AUX.	PRON.	VERBO		AUX.	PRON.	VERBO
DO	I	work?		**DOES**	he	work?
	you				she	
	we				it	
	they					

Do you **work** in an office?   ¿**Trabajas** tú en una oficina?

Do they **study** English?   ¿**Estudian** ellos inglés?

Does she **live** in San Francisco?   ¿**Vive** ella en San Francisco?

c. Y para dar **respuestas afirmativas cortas** usas **yes**, el **pronombre** y **do/does**, según aparezcan en la pregunta:

Do you **work** in an office? ¿**Trabajas** tú en una oficina?
    Yes, I **do**   Sí

Do they **study** English?   ¿**Estudian** ellos inglés?
    Yes, they **do**   Sí

Does she **live** in San Francisco? ¿**Vive** ella en San Francisco?
    Yes, she **does**   Sí

d. Las **respuestas negativas cortas** se forman de la siguiente manera:

do not o **don't**   **does not** o **doesn't**

Do you **work** in an office? No, I **don't**   ¿**Trabajas** tú en una oficina? No

Do they **study** English? No, they **don't**   ¿**Estudian** ellos inglés? No

Does she **live** in San Francisco? No, she **doesn't** ¿**Vive** ella en San Francisco? No

e. Preguntas con **palabras interrogativas:**

What...?	¿Qué/Cuál...?	**Where...?**	¿Dónde...?
Which...?	¿Cuál...?	**When...?**	¿Cuándo...?
Who...?	¿Quién...?	**How...?**	¿Cómo...?

Las **respuestas** a estas preguntas **dan información:**

What is your name? My name is Luis   ¿**Cuál** es tu nombre? Mi nombre es Luis

Where do you live? I live in San Francisco   ¿**Dónde** vives? Vivo en San Francisco

preguntas con el verbo **to be**

Presente Simple	Palabra Interrogativa	to be	sustantivo/ pronombre	
	Where	is	your office?	¿Dónde está tu oficina?

Presente Continuo	Palabra Interrogativa	to be	pronombre	verbo + ing	
	What	are	you	doing?	¿Qué estás haciendo?

preguntas con los **demás verbos:**

Palabra Interrogativa	do/ does	pronombre/ sustantivo	verbo	
Where	do	you	work?	¿Dónde trabajas?

UNIDAD 8

EN ESTA UNIDAD APRENDEREMOS:

USEMOS EL IDIOMA
- Conocer el significado en otro idioma
- Si no has entendido algo
- Hablar de tus habilidades
- Profesiones y oficios

ESTUDIEMOS LA GRAMÁTICA
- El verbo "can"
- "Have to"
- Adjetivos calificativos

BUSCANDO TRABAJO EN EL DIARIO

Bill encuentra un aviso de trabajo en el diario y se lo lee a Luis.

1 DIÁLOGOS

Bill: Hey, Luis, listen to this: *"High Hills Hotel is looking for a front desk clerk. Duties: check guests in and out, answer the telephone and make reservations. Skills: good computer skills, perfect Spanish, good English"*. Sounds great, man!

Bill: Luis, escucha esto:*"High Hills Hotel está buscando un recepcionista. Tareas: registrar la entrada y salida de los huéspedes, contestar el teléfono, hacer reservas. Habilidades: buenos conocimientos de computación, perfecto español, buen inglés".* °Suena bien, amigo!

Luis: Yes I think so, but **what does** *duties* **mean?** I don't understand.

Luis: Sí, eso creo, pero **¿qué significa** *duties?* ... No entiendo...

B: They are the things you **have to** do in your job.

B: Son las tareas que **tienes que** hacer en tu trabajo.

L: Oh, I see. I **have to** check guests in and out, I **have to** answer the telephone... And... one more question... **Could you explain** *skills?*

L: Ah, ya veo. **Tengo que** registrar la entrada y salida de los huéspedes, **tengo que** contestar el teléfono... Y... una pregunta más... **¿Podrías explicarme** *skills?*

B: Yes, sure. **It means** abilities, things you **can** do.

B: Sí, claro. **Significa** habilidades, cosas que **puedes** hacer.

L: Well, I **can** use a computer, and I **can** speak Spanish. And I have some experience as a front desk clerk.

L: Bueno, **puedo** usar una computadora y **puedo** hablar español. Y tengo algo de experiencia como recepcionista.

L: I am **responsible** and **hardworking**. I think **I am good at** working with people… but **I'm not very good at** speaking English! OK, **how do I apply for this job?**

L: Soy **responsable y trabajador.** Creo que **soy bueno** trabajando con gente, pero… °**no soy muy bueno** hablando inglés! OK ¿**Cómo hago para solicitar este trabajo?**

B: **You have to** send your résumé to… resume@hhhotel.com.

B: **Tienes que** enviar tu curriculum vitae a… resume@hhhotel.com.

L: My résumé? I don't have a résumé. I **have to** write it!

L: ¿Mi curriculum? Yo no tengo un curriculum °**Tengo que** escribirlo!

B: Let's write it right now!

B: °Escribámoslo ya mismo!

a. Para **conocer el significado de una palabra en otro idioma** puedes preguntar:

What does skills **mean?**	**¿Qué significa** skills?
Could you explain skills?	**¿Podrías explicar** skills?
What's the meaning of skills?	**¿Cuál es el significado de** skills?

Y la respuesta puede ser:

It means abilities, things you can do   **Significa** habilidades, cosas que puedes hacer

b. Si no has entendido algo, puedes decir:

Sorry, **I don't understand**	Disculpe, **no entiendo**
Could you repeat, please?	**Podría repetir,** por favor?
Could you speak more slowly, please?	**Podría hablar más despacio,** por favor?

c. Para **hablar de tus habilidades**, puedes decir:

I'm good at working with people	**Soy bueno** trabajando con gente
I'm very good at speaking Spanish	**Soy muy bueno** hablando español
I'm not very good at speaking English	**No soy muy bueno** hablando inglés

d. Leamos esta lista de **diferentes profesiones y oficios:**

taxi/cab driver: conductor/a de taxi	**cook:** cocinero/a
security guard: guardia de seguridad	**gardener:** jardinero/a
waiter: mesero	**doctor:** doctor/a
waitress: mesera	**architect:** arquitecto/a
nurse: enfermero/a	**chef:** chef
teacher: maestro/maestra	**doorperson:** portero/a
basketball player: jugador/a de básquet	**technician:** técnico/a
accountant: contador/a	**lawyer:** abogado/a

e. Cuando hablas de un trabajo en singular debes usar **a** si la palabra que sigue empieza con consonante o **an** si empieza con vocal:

He's **a** chef	Él es chef
I am **an** accountant	Soy contador/a
She's **an** architect	Ella es arquitecta

a. Can se usa para describir **habilidad en el presente**, con todos los pronombres:

● **Oraciones afirmativas**

I **can** use a computer	Yo **puedo** usar una computadora
You **can** speak English	Tú **puedes** hablar inglés
She **can** answer the phone	Ella **puede** contestar el teléfono
He **can** use a computer	Él **puede** usar una computadora
We **can** speak Spanish	Nosotros **podemos** hablar español
They **can** answer the phone	Ellos **pueden** contestar el teléfono

Oraciones negativas:
Se agrega **not** después de **can**, junto o separado: **Can not** o **cannot**. Las dos formas pueden contraerse y formar **can't:**

I **cannot** use a computer I **can't** use a computer	**No puedo** usar una computadora
You **can not** speak Spanish You **can't** speak Spanish	**Tu no puedes** hablar español
She **cannot** speak English She **can't** speak English	Ella **no puede** hablar inglés

Preguntas y respuestas:
para hacer preguntas se
coloca **can** al principio
de la oración:

She **can** speak Spanish.

Can she speak Spanish?

Para responder con respuestas cortas en afirmativo usas **can** y en negativo, **can't**:

Can you use a computer?	¿**Puede** usted usar una computadora?
Yes, I **can.**	Sí, **puedo**
Can you speak Spanish?	¿**Puede** hablar español?
No, I **can't**	No, no **puedo**
Can you speak English?	¿**Puedes** hablar inglés?
Yes, **I can**	Sí, **puedo**

b. Para expresar **algo que tienes que hacer**, se usa **have to** (tener que), de la siguiente manera:

I **have to** work	Yo **tengo que** trabajar	We **have to** work	Nosotros/as **tenemos que** trabajar
You **have to** work	Tú **tienes que/** Usted **tiene que** trabajar	You **have to** work	Ustedes **tienen que** trabajar
She **has to** work	Ella **tiene que** trabajar		
He **has to** work	Él **tiene que** trabajar	They **have to** work	Ellos/as **tienen que** trabajar

Para hacer preguntas usas **do/does + have to**:

You **have to** work	**Do** you **have to** work?	**¿Tienes** tú **que** trabajar?
She **has to** answer the phone	**Does** she **have to** answer the phone?	**¿Tiene** ella **que** contestar el teléfono?
He **has to write** his résumé	**Does** he **have to** write his résumé?	**¿Tiene** él **que** escribir su curriculum vitae?

Para contestar con **respuestas cortas**, debes usar **do/does don't/doesn't**:

Do you **have to** work?	Yes, I **do** / No, I **don't**
¿Tienes que trabajar?	Sí, tengo / No, no tengo

c. Estudiemos algunos **adjetivos para describir las características de los trabajos:**

interesting: interesante   difficult: difícil   safe: seguro   tiring: cansador
dangerous: peligroso   boring: aburrido   easy: fácil   relaxing: relajado

podemos usarlos de la siguiente manera:

Delante del sustantivo	Después del verbo **to be**
I have an **interesting** job Tengo un trabajo **interesante** I have a **dangerous** job Tengo un trabajo **peligroso**	My job is **interesting** Mi trabajo es **interesante** My job is **dangerous** Mi trabajo es **peligroso**

d. Otros adjetivos para **describir a las personas en relación con su trabajo:**

hardworking: trabajador   reliable: confiable   friendly: cordial
creative: creativo   loyal: leal   responsible: responsable
patient: paciente   efficient: eficiente

A reliable worker   He is very reliable
Un trabajador confiable   Él es muy confiable

UNIDAD 9

EN ESTA UNIDAD APRENDEREMOS:

USEMOS EL IDIOMA
- El alfabeto
- Lenguage telefónico
- Números telefónicos
- Días de la semana

ESTUDIEMOS LA GRAMÁTICA
- Pedidos
- Pedidos formales
- Deletrear
- Tomar y dejar mensajes

LLAMANDO POR TELÉFONO PARA UN TRABAJO

Bill recibe un llamado para Luis del Hotel High Hills.

1 DIÁLOGOS

(The phone rings)
Bill: Hello?

(Suena el teléfono)
Bill: ¿Hola?

· ·

Secretary: Good morning. **I'd like** to speak to Luis Flores, please.

Secretaria: Buen día. **Quisiera** hablar con Luis Flores, por favor.

B: Who's calling?
**S: I'm calling from the High Hills
Hotel about a job as front desk
clerk. He sent us his résumé.**

B: ¿Quién le llama?
S: Llamo del Hotel High Hills sobre un trabajo
como recepcionista. Él nos envió su curriculum vitae.

**B: Oh, yes… Luis is my friend…
I'm sorry, but he's not here right
now. Can I take a message?**

B: Ah, sí… Luis es mi amigo… Lo siento, pero él
no se encuentra aquí en este momento. ¿Puedo
tomar un mensaje?

**S: Yes, please. Could you tell him
to call Brenda Turlington? She'd
like to have an interview with
him on Thursday or Friday.**

S: Sí, por favor. ¿Podría decirle que llame a
Brenda Turlington? Ella quisiera tener una
entrevista con él el jueves o el viernes.

**B: Hold on, please. I'll get some
paper and a pen.**
S: Sure.
**B: Can you spell her last name
please?**

B: Espere, por favor. Traeré papel y un bolígrafo.
S: Seguro.
B: ¿Puede deletrear su apellido, por favor?

S: Yes, that's T-U-R-L-I-N-G-T-O-N.
B: Is that D-O-N or T-O-N ?
S: That's T **as in** Tango.

S: Sí, es T-U-R-L-I-N-G-T-O-N.
B: ¿Es D-O-N o T-O-N ?
S: Es T **como en** Tango.

B: Right. Brenda Turlington. **Could** you give me her phone number, please?

B: Bien. Brenda Turlington. ¿**Podría** darme su número de teléfono por favor?

S: Certainly. It's (415) 104-9942. Extension 417.
B: (415) 104-9942... Extension 417. I'll give him the message as soon as he comes back.

S: Seguro. Es (415) 604-9942. Interno 417.
B: (415) 604-9942... Interno 417. Le daré el mensaje apenas regrese.

S: Thank you. Bye.

S: Gracias. Adiós.

a. The Alphabet - El Alfabeto
Spelling - Deletrear

Presta atención a cómo se dicen las letras del alfabeto. Deberás aprenderlas para, entre otras cosas, deletrear tu nombre o entender cuando otra persona deletrea el suyo.

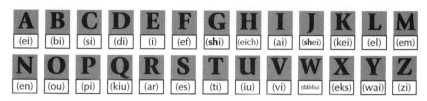

A	B	C	D	E	F	G	H	I	J	K	L	M
(ei)	(bi)	(si)	(di)	(i)	(ef)	(shi)	(eich)	(ai)	(shei)	(kei)	(el)	(em)

N	O	P	Q	R	S	T	U	V	W	X	Y	Z
(en)	(ou)	(pi)	(kiu)	(ar)	(es)	(ti)	(iu)	(vi)	(dábliu)	(eks)	(wai)	(zi)

b. Phone language - Lenguaje telefónico

Para **pedir hablar con alguien**, debes decir:

I'd like to speak to Luis, please	Quisiera hablar con Luis, por favor
Could I speak to Luis Flores, please?	¿Podría hablar con Luis Flores, por favor?
Can I speak to Luis?	¿Puedo hablar con Luis?

Para **preguntar quién llama:**

Who's calling?	¿Quién llama?

Si quieres pedirle a la persona con quien hablas **que espere en línea**, dirás:

Hold on, please	**Espere/No corte**, por favor
Hold on a moment, please	**Espere** un momento, por favor
Could you **hold** a minute?	¿Podría **esperar** un minuto?

c. Phone numbers - Los números telefónicos:
Para buscar un número telefónico puedes usar la Guía Telefónica: **Phone Directory**, o llamar a Información: **Directory Assistance.**

Para **preguntar por un número telefónico** dices: What's your phone number?
y te **responderán:** It's (405) 192-7366

Puedes decir "0" de dos formas	four-**zero**-five-one-nine-two-three-seven-six-six
	four-**oh**-five-one-nine-two-three-seven-six-six

d. Days of the week - Los días de la semana.
Se escriben siempre con mayúscula.

| Monday
(lunes) | Tuesday
(martes) | Wednesday
(miércoles) | Thursday
(jueves) | Friday
(viernes) | Saturday
(sábado) | Sunday
(domingo) |

3 ESTUDIEMOS LA GRAMÁTICA

a. Requests - Pedidos
Cuando necesitas **pedir algo** debes usar estos auxiliares:

| **Can** (¿Puede/s?)
más informal | **Could** (¿Podría/s?)
más formal |

Can you spell your last name? ¿**Puedes** deletrear tu apellido?
Could you give me her phone ¿**Podría** darme su número
number, please? de teléfono, por favor?

El orden en que armas la frase es el siguiente :

Auxiliar	Pronombre sujeto	Verbo	(Pronombre objeto)	(Complemento)	(Por favor)
Can	**you**	**take**		**a message,**	**please?**
Could	**you**	**tell**	**me**	**your phone number?**	

Las respuestas **afirmativas** pueden ser:

Más formal ●——— **Certainly.** It's T-u-r-l-i-n-g-t-o-n. **Seguro.** Es T-u-r-l-i-n-g-t-o-n.
Of course **Por supuesto**

Más informal ●——— **Sure.** It's (434) 175-5674 **Seguro.** It's (434) 175-5674

y si es **negativa:** I'm sorry, I **can't** Lo siento, no **puedo**

Veamos algunos ejemplos:

Could you tell me your e-mail address? ¿**Podrías** decirme tu dirección
de correo electrónico?

Could you speak more slowly? ¿**Podría** hablar más despacio,
por favor?

Can you repeat that? ¿**Puede** repetir eso?
Can you hold? ¿**Puedes** esperar en línea?
Could you repeat your last name? ¿**Podría** repetir su apellido?

b. Otra manera de **hacer un pedido** o **expresar** en forma **amable algo que uno necesita o quiere hacer** es usando **I would like** (quisiera / me gustaría), generalmente en su forma contraída **I'd like.**

I'd like to speak to Brenda, please

Quisiera hablar con Brenda, por favor

She'd like to have an interview with him

A ella le **gustaría** tener una entrevista con él

I'd like to leave a message

Quisiera dejar un mensaje

c. A veces, cuando deletreas una palabra, hay letras que suenan muy parecidas o que pueden causar confusión. Cuando esto suceda, puedes aclararlo de la siguiente manera:

d **as in** Delta	d **como** en Delta
t **as in** Tango	t **como** en Tango
i **as in** India	i **como** en India

Puedes usar tu propia lista de palabras de referencia, siempre que sean palabras comunes que todos conozcan.

Could you spell your name, please? (¿Puedes deletrear tu nombre?)

Yes, that's Spears. S **as in** Susan, P **as in** Paul, E **as in** Eleanor, A **as in** Anna, R **as in** Robert
(Si, es Spears. S **como en** Susan, P **como en** Paul, E **como en** Eleanor, A **como en** Anna y R **como en** Robert.)

d. Los verbos **take** (tomar) y **leave** (dejar) en el lenguaje telefónico:

Cuando **le ofreces** a tomar un mensaje, usas **take:**

Can I **take** a message? ¿Puedo **tomar** un mensaje?

Cuando **preguntas si puedes** dejar un mensaje, usas **leave:**

Can I **leave** a message? ¿Puedo **dejar** un mensaje?

UNIDAD 10

EN ESTA UNIDAD APRENDEREMOS:

USEMOS EL IDIOMA
- Lenguaje telefónico
- La hora
- Los meses del año

ESTUDIEMOS LA GRAMÁTICA
- Preposiciones ("in, on, at")
- Artículos ("a, an, the")

CONVERSACIONES TELEFÓNICAS

Cuando Luis regresa al departamento, Bill le cuenta sobre el llamado.

1 DIÁLOGOS

Bill: Listen, I have some good news for you! They called you from **the** High Hills Hotel. They want to have an interview with you, buddy.

Bill: Oye, °tengo buenas noticias para ti! Te llamaron del Hotel High Hills. Quieren tener una entrevista contigo, amigo.

Luis: You're kidding.
B: I'm not kidding. Here's **the** name and **the** phone number. Call them right now!

Luis: Estás bromeando.
B: No estoy bromeando. Aquí está el nombre y el número de teléfono. °Llámalos ya!

L: Oh, my God. It's true! (Luis dials the number)

L: °Dios mío! °Es verdad! (Luis disca el número)

Operator: High Hills Hotel, how can I help you?
L: I'd like to speak to... Brenda Turlington, please.

Operador: Hotel High Hills, ¿en qué puedo ayudarlo?
L: Quisiera hablar con... Brenda Turlington, por favor.

O: Just a moment, I'll put you through.
Brenda: Hello?
L: Hello. Could I speak to Brenda Turlington, please?

O: Un momento, lo comunico.
Brenda: ¿Hola?
L: Hola. ¿Podría hablar con Brenda Turlington, por favor?

BT: Speaking.
L: This is Luis Flores. **I'm calling about the** interview for front desk clerk...

BT: Habla ella.
L: Habla Luis Flores. Llamo por la entrevista para recepcionista...

BT: Oh, yes, Mr. Flores. Let me see… **Is** 4 o'clock **on Thursday O.K**? Or **Friday, at** 11:30?

BT: Ah, sí, señor Flores. Déjeme ver… ¿**Le queda bien el jueves a las** 4? ¿O **el viernes a las** 11:30?

L: Uh… I prefer **Thursday.**
BT: Right.

L: Eh,… prefiero **el jueves.**
BT: Bien.

L: Could you tell me **the** address, please?
BT: Sure. It's 714 Geary Street. G-E-A-R-Y.
L: Fine.

L: ¿Podría decirme **la** dirección, por favor?
BT: Seguro. Es Geary Street 714. G-E-A-R-Y.
L: Muy bien.

BT: So, see you **on** Thursday **at** 4 o'clock. Thank you for calling. Goodbye.
L: Goodbye.

BT: Entonces, lo veo **el** jueves a las 4. Gracias por llamar. Adiós.
L: Adiós.

a. Phone language - Lenguaje telefónico:

Cuando pides hablar con una persona, **al transferir el llamado te dirán:**

Just a moment, **I'll put you through**	Un momento, **lo comunico**
Just a minute, **I'll transfer your call**	Un minuto, **transfiero su llamada**

Cuando pides hablar con alguien y esa persona es la que atendió el teléfono, o cuando piden hablar contigo y tú has atendido el teléfono, dirás:

Speaking	**Habla él/ella**
Could I speak to Brenda Turlington?	¿Podría hablar con Brenda Turlington?
Speaking	Habla ella
I'd like to speak to Luis Flores.	Quisiera hablar con Luis Flores.
Speaking	Habla él

Para decir quién eres por teléfono, no dices **I am** sino **this is:**

This is Luis Flores	**Soy** Luis Flores / **Habla** Luis Flores.

Para **indicar la razón de tu llamado,** puedes decir:

I'm calling about an interview	**Llamo por** una entrevista
a job offer	una oferta de trabajo

b. The time - La hora.
Para **preguntar la hora,** dices: **What time** is it? ¿Qué hora es?

a quarter to	**o'clock**	**a quarter after**	**half past**
(menos cuarto)	(en punto)	(y cuarto)	(y media)

Excepto la hora en punto (o'clock), tienes dos maneras de decir la hora:
    a. usando **after** (y), **half past** (y media) y **to** (menos) - en estos casos los minutos se dicen primero.
    b. leyendo los números en el orden en que aparecen:

It's three o'clock	3:00	**Son** las tres
a) ten **after** three b) three ten	3:10	tres y diez
a) a quarter **after** three b) three fifteen	3:15	tres y cuarto
a) twenty **after** three b) three twenty	3:20	tres y veinte
a) **half past** three b) three thirty	3:30	tres y media
a) twenty-five **to** four b) three thirty-five	3:35	cuatro **menos** veinticinco
a) a quarter **to** four b) three forty-five	3:45	cuatro **menos** cuarto

a.m.: antes de las 12 del mediodía   p.m.: después de las 12 del mediodía

c. Months of the year - Los meses del año.
Se escriben siempre con mayúscula.

JANUARY
Enero

FEBRUARY
Febrero

MARCH
Marzo

APRIL
Abril

MAY
Mayo

JUNE
Junio

JULY
Julio

SEPTEMBER
Septiembre

NOVEMBER
Noviembre

AUGUST
Agosto

OCTOBER
Octubre

DECEMBER
Diciembre

3 ESTUDIEMOS LA GRAMÁTICA

a. Las preposiciones de tiempo **in, on** y **at:**

In	se usa con los meses del año: **In** December, **in** March	**En** diciembre, **en** marzo
On	se usa con los días de la semana: **On** Monday, **on** Tuesday	**El** lunes, **el** martes
At	se usa con la hora: **At** three o'clock, **at** ten fifteen	**A** las tres, **a** las diez y cuarto

b. Los artículos a (un/una) **y the** (el-la/los-las):

Se usa **a** cuando **no nos referimos a alguien o algo en especial** o cuando **mencionamos algo por primera vez:**

She'd like to have **an** interview with him	Ella quisiera tener **una** entrevista con él
I'll get **a** pen	Conseguiré **un** bolígrafo
Can I take **a** message?	¿Puedo tomar **un** mensaje

También se usa **con los trabajos:**

He's **an** architect   She's **a** nurse

Se usa **the** cuando **está claro a qué nos referimos**, ya sea porque se mencionó antes en la conversación o porque se sobreentiende:

Here's **the** name and **the** phone number Aquí está **el** nombre y **el** número (se sabe de qué nombre y número se está hablando)	I'm calling about **the** interview Llamo por **la** entrevista (se sabe de qué entrevista se está hablando)

Could you tell me **the** address, please?
¿Podría decirme **la** dirección, por favor?
(se sabe qué dirección se está solicitando)

Cuando **la persona, lugar o cosa es única:**

the sun el sol	**the** world el mundo
the sea el mar	**the** capital of Australia la capital de Australia
the moon la luna	**the** President of the U.S.A el Presidente de EE.UU

Con instrumentos musicales y la radio:

the piano   **the** guitar   **the** radio

He plays **the** piano very well   El toca **el piano** muy bien
I never listen to **the** radio   Nunca escucho **la** radio

Con los nombres de **hoteles, restaurantes, museos, teatros:**

the High Hills Hotel   **the** Mexican Museum   **the** Magic Theater

c. No se usa artículo en los siguientes casos:

• **television**	I like to watch **television**
• **breakfast/lunch/dinner** (desayuno/almuerzo/cena)	I'm having **dinner**
• **days of the week** (días de la semana)	I play tennis on **Wednesdays**
• **the time** (la hora)	It's **three o'clock**

NIVEL 1

NIVEL 2

NIVEL 3

NIVEL 4

NIVEL 5

NIVEL 6

UNIDAD 11

EN ESTA UNIDAD APRENDEREMOS:

USEMOS EL IDIOMA
- *Cómo llegar a un lugar*
- *Dónde queda un lugar*
- *Números 60 a 900*
- *El cero*
- *Despedidas*
- *Medios de transporte*

ESTUDIEMOS LA GRAMÁTICA
- *El Imperativo (dar órdenes)*
- *Indicar cómo llegar a un lugar*

MOVIÉNDOSE POR LA CIUDAD

Luis tiene su entrevista de trabajo y le pregunta a Bill cómo llegar allí.

1 DIÁLOGOS

Luis: Say, Bill, **how can I get to** the High Hills Hotel?
Bill: Where is it?
L: It's at... 714 Geary Street.

Luis: Dime, Bill, ¿cómo puedo llegar al High Hills Hotel?
Bill: ¿Dónde está?
L: Está en... Geary Street 714.

B: That's Geary Street and Jones Street, **near** the Civic Center. Let me think... You can go by bus. You can take the 22 bus up to Geary and the 38 bus up to Jones Street. I think the hotel is **across from** a big park.

B: Eso es Geary Street y Jones Street, cerca del Centro Cívico. Déjame pensar... Puedes ir en autobús. Puedes tomar el autobús 22 hasta Geary y el autobús 38 hasta Jones Street. Creo que el hotel está enfrente de un gran parque.

L: Is it **far from** here?
B: No, just ten minutes.
L: **Where**'s the bus stop?

L: ¿Es **lejos** de aquí?
B: No, sólo diez minutos.
L: ¿**Dónde** está la parada de autobuses?

B: Oh, it's near. **Walk to the corner**
and **turn left.** **Go straight ahead**
for two blocks, **go across** the
avenue and you'll see the bus
stop on your right.

B: Ah, está cerca. **Camina hasta la esquina** y do-
bla a la izquierda. Sigue derecho dos cua-
dras, **cruza** la avenida y verás la parada de autobuses a tu derecha.

L: O.K, thanks Bill. Only one more
thing, **is there** a supermarket
around here?

L: Bien, gracias Bill. Sólo una cosa más, ¿**hay** algún supermercado por aquí?

B: Yes, **there is** one **on the corner**
of Folsom St and 23rd St, **next**
to the baker's. And there is another
between the drugstore and the dry
cleaner's. Why?

B: Sí, **hay** uno **en la esquina de** Folsom St y
23rd St, **al lado** de la panadería. Y hay otro
entre la farmacia y la tintorería. ¿Por qué?

L: Well, **there isn't** any shaving lotion or toothpaste, and **there aren't** any vegetables either.

L: Bueno, **no hay** crema para afeitar o pasta dental, y **no hay** verduras tampoco.

B: Yes, you're right; but don't worry, I'll go to the supermarket.

B: Sí, tienes razón; pero no te preocupes, yo iré al supermercado.

L: Great, thanks a lot. Oh, **I've got to go!**

L: Fantástico, muchas gracias. °**Tengo que irme!**

B: Well, hurry up! Good luck with your interview!
L: Thank you Bill, **see you later.** Bye.

B: Bueno, °apúrate! °Buena suerte en tu entrevista!
L: Gracias Bill, **te veo más tarde.** Adiós.

2 USEMOS EL IDIOMA

a. Cuando necesitas **preguntar cómo llegar a un lugar**, puedes decir:

How can I get to the High Hills Hotel? **¿Cómo puedo llegar** al Hotel High Hills?
the airport? al aeropuerto?
the station? a la estación?

b. Y para saber **dónde queda un lugar:**

Where is the bus stop? ¿**Dónde está** la parada de autobuses?
Where's the supermarket? ¿**Dónde está** el supermercado?
Is there a supermarket near here? ¿Hay un supermercado **cerca** de aquí?
Is it **far from** here? ¿**Es lejos** de aquí?
Is it **near** here? ¿**Es cerca** de aquí?

c. Numbers - Los números del **60 al 900**

60 sixty	**105** a hundred five	**500** five hundred
70 seventy	**110** a hundred ten	**600** six hundred
80 eighty	**200** two hundred	**700** seven hundred
90 ninety	**300** three hundred	**800** eight hundred
100 a hundred/ one hundred	**400** four hundred	**900** nine hundred

d. Aprendamos dos formas de decir y escribir el número **0**:

zero (zirou) ●——————— especialmente en matemática y para la temperatura.

oh (ou) ●——————— para la hora, números telefónicos, direcciones, cuartos de hotel.

0° C: **zero** degree Celsius   3:05: three **oh** five

e. Para **despedirte**, puedes decir también:

I have to go Tengo que irme
I've got to go Tengo que irme
See you later Te veo más tarde

f. Means of transport - Los medios de transporte
Se usan con la preposición **by:**

You can go **by** bus Puedes ir **en** autobus
car automóvil
train tren
taxi taxi
plane avión
bicycle bicicleta

3 ESTUDIEMOS LA GRAMÁTICA

a. Para **dar instrucciones** se usa la **forma imperativa del verbo**, es decir, el verbo sin un pronombre sujeto delante:

Afirmativo

Walk to the corner	Camine hasta la esquina
Turn left	Doble a la izquierda
Go across the avenue	Cruce la avenida

Negativo: se agrega **don't** delante del verbo.

Don't walk to the corner	**No camine** hasta la esquina
Don't turn left	**No doble** a la izquierda
Don't go across the avenue	**No cruce** la avenida

b. Estudiemos las siguientes expresiones que se usan para **indicar cómo llegar a un lugar**:

Go { straight ahead	Siga derecho
{ across the avenue	Cruce la avenida
Walk to the corner	Camine hasta la esquina
Go	Vaya
Turn { right	Doble hacia la derecha
{ left	hacia la izquierda
Take { the first right	Doble en la primera calle a su derecha
{ second left	segunda calle a su izquierda

c. Fíjate en las siguientes **expresiones** que se usan para **describir la ubicación de un lugar**:

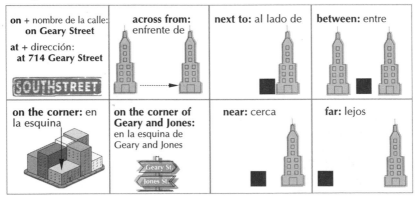

on + nombre de la calle: **on Geary Street** / **at** + dirección: **at 714 Geary Street** / **SOUTHSTREET**	**across from:** enfrente de	**next to:** al lado de	**between:** entre
on the corner: en la esquina	**on the corner of Geary and Jones:** en la esquina de Geary and Jones / Geary St. / Jones St.	**near:** cerca	**far:** lejos

The hotel is **on** Geary Street	El hotel está **en** la calle Geary
The hotel is **at** 714 Geary Street	El hotel está **en** la calle Geary 714
It is **across from** a park	Está **enfrente de** un parque
The hotel is **near** the Civic Center	El hotel está **cerca del** Centro Cívico
It is **far from** the Civic Center	Está **lejos del** Centro Cívico
The hotel is **on the corner**	El hotel está **en la esquina**
It **is on the corner of** Geary and Jones	Está **en la esquina de** Geary y Jones
The supermarket is **next to** the baker's	El supermercado está **al lado de** la panadería
It is **between** the drugstore and the dry cleaner's	Está **entre** la farmacia y la tintorería

d. El verbo **to have** (haber):

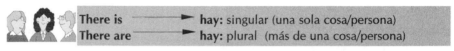

There is ➤ **hay:** singular (una sola cosa/persona)
There are ➤ **hay:** plural (más de una cosa/persona)

Oraciones afirmativas:

There is a supermarket near here	**Hay** un supermercado cerca de aquí
There are four supermarkets near here	**Hay** cuatro supermercados cerca de aquí

Oraciones negativas: Se agrega **not: There is not / There are not**
Se usan generalmente las contracciones: **There isn't / There aren't**

There isn't a hotel near here	**No hay** un hotel cerca de aquí
There aren't big hotels near here	**No hay** grandes hoteles cerca de aquí

Oraciones interrogativas: El verbo **to be** se coloca delante de **there.**

 There is a hotel.   Hay un hotel.

Is there a hotel?   ¿Hay un hotel?

En las **preguntas en plural,** se agrega **any:** algunos/algunas. Generalmente no se traduce:

Are there any big hotels?   ¿**Hay** grandes hoteles?

Y para **contestar con respuestas cortas:**

Are there any big hotels?	Yes, **there are**	Sí, hay
¿Hay grandes hoteles?	No, **there aren't**	No, no hay

UNIDAD 12

EN ESTA UNIDAD APRENDEREMOS:

USEMOS EL IDIOMA
- *Saludos formales*
- *Llamar por el nombre*
- *Dirigirse a alguien formalmente*
- *La palabra "right"*

ESTUDIEMOS LA GRAMÁTICA
- *El pasado simple*
- *Verbos regulares y su pasado*
- *Verbos irregulares y su pasado*

LA ENTREVISTA DE TRABAJO

Luis llega al Hotel High Hills y tiene una entrevista con la Sra.Turlington.

1 DIÁLOGOS

Mrs. Turlington: Good afternoon, **Mr.** Flores. **How do you do?**
Luis: **I'm fine,** thank you, **Mrs.** Turlington.

Sra.Turlington: Buenas tardes, Sr. Flores. ¿Cómo está usted?
Luis: Bien, gracias, Sra. Turlington.

Mrs. T: Please, **call me** Brenda. Take a seat.
L: Oh, **all right**, thanks.

Sra. T: Por favor, **llámeme** Brenda. Tome asiento.
L: Ah, **está bien**, gracias.

Mrs. T: So, you're Mexican…
L: Yes, **that's right.**

Sra. T: Así que es mexicano...
L: Sí, **así es.**

Mrs. T: I **visited** Mexico 2 years
ago. **I liked** it very much.
L: Yes, it's a beautiful country.

Sra. T: Yo **visité** México dos años **atrás.** Me gustó mucho.
L: Sí, es un país hermoso.

Mrs. T: Did you **work** in a hotel in
Cancun?
L: Yes, I **worked** there **last** year.

Sra. T: ¿Usted **trabajó** en un hotel en Cancun?
L: Sí, **trabajé** allí el año **pasado.**

Mrs. T: And **what exactly did you do?**
L: First, **I was** a bell captain and
then, a front desk clerk.

Sra. T: ¿Y qué **hacía** exactamente?
L: Primero, **fui** jefe de portería y luego,
recepcionista.

Mrs. T: I see. And **did** you **enjoy** your job?
L: Yes, I really liked helping guests.

Sra. T: Entiendo. ¿Y **disfrutaba** de su trabajo?
L: Sí, realmente me encantó ayudar a los huéspedes.

Mrs. T: Yes, interesting… and… why **did** you **leave** your job?

Sra. T: Sí, interesante… y… ¿por qué **dejó** su trabajo?

L: Well, I **met** Bill, an American friend. He **was** on vacation in Cancun. He **invited** me to come here and I **accepted.**

L: Bueno, conocí a Bill, un amigo americano. Él **estaba** de vacaciones en Cancún. Me **invitó** a venir aquí y yo **acepté.**

Mrs. T: One more question, Mr Flores… When can you start?
L: Right now, if you want!

Sra. T: Una pregunta más, Sr. Flores… ¿Cuándo puede empezar?
L: °Ahora mismo, si usted quiere!

a. Formal greetings - Saludos formales

Cuando **te presentan a alguien en una situación formal**, puedes decir:

How do you do? ¿Cómo está/s usted/tú?

y puedes responder

Very well, thank you	Muy bien, gracias
I'm fine, thank you	Bien, gracias
Pleased to meet you	Encantado de conocerte
How do you do?	¿Cómo está usted?

b. Para pedir que **te llamen por tu primer nombre:**

Please, **call me** Brenda   Por favor, llámeme Brenda
Just call me Brenda   Llámame Brenda

c. Cuando te encuentras en una **situación formal** y **debes dirigirte a alguien, ya sea en persona o por escrito**, debes usar el apellido de la persona y alguna de estas posibilidades:

Mr. (mister)	si es un hombre	Mr. Malcom	Sr. Malcom
Ms. (miz)	si es una mujer	Ms. Burns	Sra. o Srta. Burns
Mrs. (misis)	si es una mujer casada	Mrs. Turlington	Sra. Turlington
Miss (mis)	si es una mujer soltera	Miss Burns	Srta. Burns

d. Fíjate en estas expresiones con la palabra **right:**

Para mostrar que **estás de acuerdo, o has entendido o aceptado** algo que te dijeron, dices:

All right	
Please, **call me** Brenda	Por favor, llámeme Brenda
Oh, **all right**	Ah, está bien

Para **decir que alguien tiene razón,** se usa:

I'm right You're right He's right She's right We're right They're right:	
There aren't any vegetables	No hay verduras
Yes, **you're right**	Sí, **tienes razón**

Para **confirmar algo que te han dicho**, dices:

That's right	
So, you're Mexican	Así que eres mexicano
Yes, **that's right**	Sí, **así es**

a. Simple Past - El Pasado Simple

Verbo to be

Se usa para hablar de acciones, estados o situaciones que ocurrieron en el pasado y están terminadas:

Afirmativo

I **was**	Yo fui/estuve
You **were**	Tú fuiste/estuviste
He **was**	Él fue/estuvo
She **was**	Ella fue/estuvo
It **was**	Ello fue/estuvo
We **were**	Nosotros/as fuimos/estuvimos
You **were**	Ustedes fueron/estuvieron
They **were**	Ellos/as fueron/estuvieron

Negativo

I **was not/wasn't**
You **were not/weren't**
He **was not/wasn't**
She **was not/wasn't**
It **was not/wasn't**
We **were not/weren't**
You **were not/weren't**
They **were not/weren't**

Interrogativo El verbo se coloca delante del pronombre:

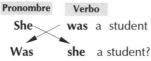

Pronombre	Verbo

She — **was** a student

Was **she** a student?

Otros **verbos**

Los verbos se dividen en **regulares** e **irregulares**, según cómo forman el pasado.

Verbos regulares:

Forman el pasado agregando **–ed** al final del verbo:

Presente	Pasado
work	work**ed**
visit	visit**ed**
start	start**ed**
answer	answer**ed**

I **worked** in a hotel
Yo **trabajé** en un hotel

Verbos irregulares:

Generalmente se modifica una parte o toda la palabra:

Presente	Pasado
go	**went**
have	**had**
tell	**told**
speak	**spoke**

They **went** to the movies
Ellos **fueron** al cine

En las afirmaciones, los verbos se usan de la misma manera con todas las personas. En las negaciones, se usa el auxiliar de pasado **did not** o **didn't** antes del verbo, el cual va en infinitivo:

Afirmativo

I start**ed**	Yo comencé
You start**ed**	Tú comenzaste
He start**ed**	Él comenzó
She start**ed**	Ella comenzó
It start**ed**	Ello comenzó
We start**ed**	Nosotros/as comenzamos
You start**ed**	Ustedes comenzaron
They start**ed**	Ellos/as comenzaron

Negativo

I **did not / didn't start**
You **did not / didn't start**
He **did not / didn't start**
She **did not / didn't start**
It **did not / didn't start**
We **did not / didn't start**
You **did not / didn't start**
They **did not / didn't start**

Para las **preguntas** se coloca el auxiliar **did** delante de los pronombres, con todas las personas. Como en las negaciones, cuando se usa el auxiliar, el verbo se usa en **infinitivo:**

Did	I you he she it we you they	start?	When did	I you he she it we you they	start?

Did she **start** university? ¿**Comenzó** ella la universidad?
When did she **start** university? ¿**Cuándo comenzó** ella la universidad?

Cuando se usa el pasado simple, pueden usarse estas palabras:

yesterday (ayer)

I went to the supermarket **yesterday**   **Fui** al supermercado **ayer**
    yesterday morning   **ayer** a la mañana

ago (atrás)

I visited Mexico 2 years **ago**   Visité México 2 años **atrás**
    1week **ago**   1 semana **atrás**

last (pasado)

I worked there **last** year   Trabajé allí el año **pasado**
    last month   el mes **pasado**
    last night   **anoche**

Algunos verbos **regulares y su pasado.**

Verb	Simple past	Verb	Simple past	Verb	Simple past
cook (cocinar)	cooked	help (ayudar)	helped	like (gustar)	liked
live (vivir)	lived	look (mirar)	looked	love (amar)	loved
open (abrir)	opened	play (jugar)	played	rent (alquilar)	rented
show (mostrar)	showed	study (estudiar)	studied	try (intentar)	tried
travel (viajar)	traveled	want (querer)	wanted	watch (mirar)	watched
work (tabajar)	worked	enjoy (disfrutar)	enjoyed	hate (odiar)	hated

Algunos verbos **irregulares y su pasado:**

Verb	Simple past	Verb	Simple past	Verb	Simple past
come (venir)	came	do (hacer)	did	eat (comer)	ate
feel (sentir)	felt	go (ir)	went	meet (conocer)	met
sleep (dormir)	slept	take (tomar)	took	teach (enseñar)	taught
tell (contar)	told	have (tener)	had	write (escribir)	wrote
put (poner)	put	hear (oir)	heard	send (enviar)	sent

UNIDAD 13

EN ESTA UNIDAD APRENDEREMOS:

USEMOS EL IDIOMA
- Pedir algo en la tienda
- Diferentes maneras de comprar algo
- Cómo se dicen algunos alimentos

ESTUDIEMOS LA GRAMÁTICA
- Sustantivos contables
- Sustantivos incontables "some" y "any"
- Preguntar por cantidad
- El uso de la forma "will"

HACIENDO COMPRAS

Cuando se despide de Luis, que va a su entrevista laboral, Bill pasa por su casa para hacer la lista de compras e ir al supermercado.

1 DIÁLOGOS

Bill: So… we need shaving lotion, toothpaste… and soap **too**… O.K.

Bill: Entonces…necesitamos crema para afeitar, pasta dental... y jabón **también**…

B: Now, let's see… there are **some tomatoes** but there aren't **any carrots**. I'll get some. We have only a **few eggs**. **I'll get** a dozen. We also need **potatoes** and **onions**.

B: Bien. Veamos... **hay algunos tomates** pero no hay zanahorias. Compraré algunas… Tenemos solo unos **pocos huevos**. Compraré una docena. También necesitamos **papas** y **cebollas**.

B: We could invite Annie for dinner on Friday… so **I'll get some meat** and prepare a barbecue. And **fruit?**… Let's see…

B: Podríamos invitar a Annie a cenar el viernes… así que **compraré algo de carne** para preparar una barbacoa. ¿Y **frutas?**… Veamos…

B: We need **some oranges** and apples. **I'll buy some** more ice cream. I think Annie and Luis would like chocolate mint and vanilla. (The phone rings…)

B: Necesitamos **algunas naranjas** y **manzanas**. Compraré un poco más de helado. Pienso que a Annie y a Luis les va a gustar el helado de menta chocolatada y vainilla. (Suena el teléfono…)

Bill: Hello?

Bill: ¿Hola?

Annie: Hi, Bill. It's Annie. Listen, my cousin Meg is coming from Seattle.

Annie: Hola, Bill. Habla Annie. Oye, mi prima Meg viene de Seattle.

A: Would you and Luis like to come over for dinner on Friday?

A: ¿Les gustaría a ti y a Luis venir a cenar el viernes?

B: Sounds great. We'll take some **beer** and a **bottle of wine.**

B: Suena muy bien. Llevaremos unas **cervezas** y una **botella de vino.**

A: Terrific. See you on Friday, then!

A: Fantástico. °Entonces nos vemos el viernes!

B: See you Annie… and thanks for the invitation.

B: Nos vemos Annie… y gracias por la invitación.

a. Cuando **pides un producto** en una tienda, puedes decir:

I'd like to have	Me gustaría llevar (frase amable)
I'll take …	Llevaré …. (frase neutral)
I want a …	Quiero un/una …(frase correcta pero menos amable)

b. Fíjate las **diferentes maneras en que puedes comprar algunos productos:**

a bag of lemons/oranges	**una bolsa de** limones/naranjas
a bottle of wine/shampoo	**una botella de** vino/shampoo
a box of tea bags/cereal	**una caja de** té en saquitos/cereales
a bunch of bananas/grapes	**un racimo** de bananas/uvas
a six-pack of beer/soda	**un pack de 6** cervezas/refrescos
a carton of milk/juice	**un cartón de** leche/jugo
a dozen eggs	**una docena de** huevos
a head of lettuce	**una planta de** lechuga
a jar of jam/pickles	**un frasco de** mermelada/pickles
a loaf of bread	**una pieza de** pan
a piece of cheese	**una porción de** queso
a tube of toothpaste	**un tubo de** pasta dental

c. Estudiemos cómo se dicen algunos **alimentos:**

Meat (Carne)	Otros alimentos
Beef (carne de res)	Milk (leche)
Chicken (pollo)	Butter (mantequilla)
Lamb (cordero)	Cheese (queso)
Pork (cerdo)	Yogurt (yogur)
Fish (pescado)	Cream (crema)
	Pasta (pasta)

Fruit (Frutas)		Otros alimentos
Apple (manzana)		Rice (arroz)
Banana (plátano)		Egg (huevo)
Mango (mango)		Flour (harina)
Orange (naranja)		Corn (maíz)
Strawberry (fresa)		
Pineapple (piña)	Vegetables (Verduras)	
Lemon (limón)	Lettuce (lechuga)	
Grape (uva)	Carrot (zanahoria)	
	Pea (arveja)	
	Pepper (pimiento)	
	Tomato (tomate)	
	Potato (papa)	
	Cucumber (pepino)	
	Onion (cebolla)	

a. Los sustantivos que se refieren, por lo general, a **objetos que pueden contarse por unidad se llaman countable nouns** (sustantivos contables). **Tienen singular y plural:**

An **egg**	un **huevo**	six **eggs**	seis **huevos**
A **tomato**	un **tomate**	ten **tomatoes**	diez **tomates**
A **carrot**	una **zanahoria**	four **carrots**	cuatro **zanahorias**
A **package**	un **paquete**	two **packages**	dos **paquetes**
A **box**	una **caja**	thirty **boxes**	treinta **cajas**
A **car**	un **automóvil**	five **cars**	cinco **automóviles**

b. Los sustantivos que se refieren por lo general a **sustancias, ya sean líquidas, sólidas o gaseosas,** que **no se cuentan por unidad**, se llaman **uncountable nouns** (sustantivos Incontables). Se usan sólo en singular. Muchos se refieren a alimentos:

Tea (té)	Rice (arroz)	Bread (pan)
Milk (leche)	Butter (mantequilla)	Oil (aceite)
Water (agua)	Cream (crema)	Salt (sal)
Coffee (café)	Flour (harina)	Sugar (azúcar)

Y a otras cosas también:

Gasoline (gasolina)   Air (aire)   Money (dinero)   Sand (arena)

Para **expresar una cantidad definida** con los **uncountable nouns**, puedes usar estas frases:

a piece of: una porción de   a piece of cheese
a glass of: un vaso de   a glass of wine/water/milk
a cup of: una taza de   a cup of coffee/tea
a bottle of: una botella de   a bottle of oil/wine/shampoo

c. Para expresar una cantidad indefinida, se usa **some** (algo de-algunos/as) o **any** (algo de-algunos/as), tanto con los **countable nouns** como con los **uncountable nouns:**

Some se usa en oraciones afirmativas:

There is **some** coffee   Hay **algo** de café
There are **some** oranges   Hay **algunas** naranjas

Se puede usar **some** para hacer **preguntas** solamente **cuando se pide o se ofrece algo:**

Can I have **some** sugar, please?   ¿Puede darme **algo** de azúcar, por favor?
        (Sé que hay azúcar, por eso la pido)

Would you like **some** apples?   ¿Gustarías **algunas** manzanas?
        (Las estoy ofreciendo)

Any se usa en oraciones **negativas**. Se traduce como "nada de" o no se traduce:

There isn't **any** toothpaste	No hay **nada de** pasta dental
There isn't **any** money	No hay dinero
I don't have **any** onions	No tengo cebollas
There aren't **any** oranges	No hay **nada de** naranjas

También se usa **en oraciones interrogativas**. Se traduce como "algo de" o no se traduce:

Is there **any** bread?	¿Hay **algo** de pan?
Is there **any** sugar?	¿Hay **algo** de azúcar?

d. Para **preguntar por cantidad** debe usarse.

How much para **uncountable nouns** **How many** para **countable nouns**

How much rice is there?	¿Cuánto arroz hay?
How much salt would you like?	¿Cuánta sal te gustaría?

How many bottles are there?	¿Cuántas botellas hay?
How many carrots do you need?	¿Cuántas zanahorias necesitas?

Recuerda	
Countable	**Uncountable**
A/An	-
Plural	-
Some	Some
Any	Any

e. Cuando tomas una decisión en el mismo momento en que estás hablando, puedes expresarla usando el auxiliar **will**, junto con **I** o **we**. Se usan las **contracciones I'll / we'll:**

The telephone is ringing. **I'll** answer it

El teléfono está sonando. Lo **contestaré**

There aren't any carrots. **I'll** buy some

No hay zanahorias. **Compraré** algunas

We have few eggs. **We'll** take a dozen

Tenemos pocos huevos. **Llevaremos** una docena

UNIDAD 14

EN ESTA UNIDAD APRENDEREMOS:

USEMOS EL IDIOMA
- *Para proponer algo con "how about"*
- *Expresar sorpresa con "how"*

ESTUDIEMOS LA GRAMÁTICA
- *Expresar cantidad para sustantivos contables e incontables*
- *"Something" y "anything"*
- *"Someone" y "anyone"*

EN EL SUPERMERCADO

Bill va al supermercado y se encuentra casualmente con Annie que está haciendo las compras para la cena del viernes por la noche.

1 DIÁLOGOS

Bill: Hi, there! What are you doing here?
Annie: Shopping for our Friday dinner!

Bill: °Hola! ¿Qué haces por aquí?
Annie: °Las compras para la cena del viernes!

B: Fine. I have to buy **many** things, too.
A: I don't have **any** vegetables. I have to buy peas, carrots and potatoes.

B: Bien. Yo tengo que comprar **muchas** cosas también.
A: No tengo **nada** de verduras. Tengo que comprar arvejas, zanahorias y papas.

B: I also need **some** vegetables. Let's go.

B: Yo también necesito **algunas** verduras. Vamos.

A: **What else?** Oh, yes, I need **some** tomatoes, onions and a few peppers. And a couple of avocados... I'll make guacamole for Luis.

A: ¿Qué más? Ah, sí, necesito **algunos** tomates, cebollas y unos pimientos, Y un par de aguacates ... prepararé guacamole para Luis.

B: Sounds good. **How about buying some** ice cream for Friday? Do you like vanilla and chocolate mint?

B: Suena bien. **¿Qué te parece si compramos algo de** helado para el viernes? ¿Te gusta de vainilla y menta chocolatada?

A: Yes, I love it.
B: And...I need to buy **some** eggs.

A: Sí, me encanta.
B: Y... necesito comprar **algunos** huevos.

A: Oh, I almost forgot to buy **something** to drink. And… do you need **anything** from the toiletries section?

A: Ah, casi me olvido de comprar **algo** para beber. Y,… ¿necesitas **algo** del sector de artículos de tocador?

B: Yes, I need **some** toothpaste and shaving lotion, too.
A: How strange! There **isn't any** toothpaste. Let's ask **someone**.

B: Sí, necesito pasta dental y crema para afeitar también.
A: °Qué raro! **No hay** pasta dental. Preguntémosle a **alguien**.

B: No, look! There is one tube on that shelf.
A: Great. Do you need **anything else**?

B: No, mira. Hay un tubo en ese estante.
A: Muy bien. ¿Necesitas **algo más**?

B: No, that's fine with me. Look, there isn't **anyone** in that line.

B: No. Ya está bien para mí. Mira, no hay **nadie** en aquella fila.

a. Cuando **se ofrece, se invita o se propone algo** se puede formular esta pregunta:

How about... ?	¿Qué te parece... ?
	¿Qué tal si... ?

How about this shampoo?	¿Qué te parece este shampoo?
getting some more ice cream?	¿Qué tal si compramos más helado?
making *guacamole*?	¿Qué tal si preparamos guacamole?
buying a few toiletries?	¿Qué tal si compramos algunos artículos de tocador?

b. Para **expresar sorpresa**, se puede combinar **how + un adjetivo:**

How	strange!	¡Qué	extraño!
	interesting!		interesante!
	terrible!		terrible!
	incredible!		increíble!
	nice!		bonito!

There isn't any toothpaste	How strange!
This is my new apartment	How nice!
I'm a graphic designer	How interesting!
I don't have any money	How terrible!

a. Para **expresar que hay mucha cantidad** de algo se usa **a lot of** (un montón de) tanto para sustantivos contables como para incontables:

a lot of	oranges / cucumbers / apples / carrots
un montón de	naranjas / pepinos / manzanas / zanahorias

Otras palabras para expresar cantidad con **uncountable nouns** son:

much (mucho/a)   **a little** (algo de / un poco)   **little** (poco)

There isn't **much** shampoo	No hay **mucho** shampoo
I have **a little** toothpaste	Tengo **un poco** de pasta dental
She has **little** money	Ella tiene **poco** dinero

Y para expresar cantidad con **countable nouns** deberás usar:

many (mucho/as)   **a few** (algunos/as, un poco)   **few** (pocos/as)

There aren't **many** apples	No hay **muchas** manzanas
I have **a few** potatoes	Tengo **algunas** papas
There are **few** bottles of wine	Hay **pocas** botellas de vino

Recuerda	
Countable	**Uncountable**
A lot of	A lot of
Many	Much
A few	A little
Few	Little

Veamos otros ejemplos:

Countable nouns	Uncountable nouns
There are many wine bottles on the shelf	There isn't much shampoo in the bottle
(Hay muchas botellas de vino en el estante)	(No hay mucho shampú en la botella)
There are a lot of oranges in the fridge	There is a little juice in the jug
(Hay un montón de naranjas en la nevera)	(Hay poco jugo en la jarra)

b. Cuando **no se puede precisar o nombrar un objeto,** las palabras que se usan son: **something** (algo) y **anything** (nada o algo)

Debes usar **something** para **afirmar:**

I have **something** in my bag	Tengo **algo** en mi bolso
She needs **something** from the drugstore	Ella **necesita** algo de la farmacia
He is buying **something** at the market	Él está comprando **algo** en el mercado
They bought **something** at the store	Ellos compraron **algo** en la tienda

Y usarás **anything** para **negar o preguntar:**

There isn't **anything** in my bag	No hay **nada** en mi bolso
She didn't buy **anything** at the store	Ella no compró **nada** en la tienda
Do you need **anything** from the supermarket?	¿Necesitas **algo** del supermercado?
Did you buy **anything** for dinner?	¿Compraste **algo** para la cena?

c. De la misma forma se usa **someone** o **anyone** para referirse a una persona: Debe usarse **someone** (alguien) para afirmar:

Bill talked to **someone**	Bill habló con **alguien**
Someone is talking	**Alguien** está hablando

Y usarás **anyone** (nadie) para negar o preguntar:

I can't see **anyone** at the toiletries section
No veo **a nadie** en el sector de artículos de tocador

There isn't **anyone** here
No hay **nadie** aquí

Is there **anyone** buying shaving lotion?
¿Hay **alguien** comprando crema para afeitar?

Did Luis phone **anyone** this morning?
¿Telefoneó a **alguien** Luis por la mañana?

UNIDAD 15

EN ESTA UNIDAD APRENDEREMOS:

USEMOS EL IDIOMA
- *Números ordinales*
- *Palabras que se usan en un hotel*
- *Herramientas de trabajo*

ESTUDIEMOS LA GRAMÁTICA
- *Preposiciones de posición*
- *Adverbios de lugar ("here" y "there")*

PRIMER DÍA DE TRABAJO

Luis llega al Hotel High Hills en su primer día de trabajo y Brenda le muestra el hotel.

1 DIÁLOGOS

(Luis knocks on the door of Brenda's office.)
Brenda: Oh, hello, Luis! Come in, please. Welcome to the High Hills Hotel. Let me show you a plan of the hotel.

(Luis golpea a la puerta de la oficina de Brenda.)
Brenda: °Ah, hola, Luis! Pasa, por favor. Bienvenido al Hotel High Hills. Permíteme mostrarte un plano del hotel.

B: ...We're **here, on** the **second floor**. This is the **hotel administration**. The hotel has twenty floors. There's a **swimming pool** and a **gym** on the **twentieth floor**...

B: ...Nosotros estamos **aquí,** en el **segundo piso**. Esta es la **administración del hotel**. El hotel tiene veinte pisos. Hay una **piscina** y un **gimnasio** en el **vigésimo piso**...

B: ...and there are **restaurants** and **bars** on the nineteenth floor. The **guest rooms** are **from the fourth** to the **eighteenth** floor.

B: ...y hay **restaurantes** y **bares** en el decimonoveno piso. Las **habitaciones** de los **huéspedes** están desde el **cuarto** piso hasta el **decimoctavo**.

B: ...There are **conference rooms** on the **third** floor. Now we'll go to the **lobby** and I'll show you the **front desk**.

B: ...Hay **salas de conferencia** en el tercer piso. Ahora iremos al **lobby** y te mostraré el escritorio de la recepción.

(At the front desk)
B: Here is your phone and your **computer**. The **printer's right here**, **behind** your desk, and the **fax machine** is **over**... **there**.

(En la recepción)
B: Aquí está tu teléfono y tu **computadora**. La **impresora** está **aquí mismo**, **detrás** de tu escritorio y el **fax** está... **por allá**.

B: ...There's a **photocopier right there**, and a **scanner** in front of the fax machine.

B: ...Hay una **fotocopiadora aquí**, y un **escáner delante** del fax.

Luis: And where's the paper?

Luis: ¿Y dónde está el papel?

B: The **copy paper** is **up here**, and the **stationery** is **down there**. You know, **pens, pencils, staplers, envelopes, paper clips**.

B: El **papel para las copias** está **aquí arriba** y los **artículos de oficina** están **allá abajo**. Tú sabes, **bolígrafos, lápices, engrapadoras, sobres, clips**.

L: Well, I hope I can remember everything!

L: °Bien, espero recordar todo!

B: Don't worry. You can ask George, the other front desk clerk. I'll introduce him to you.
L: O.K. Thanks a lot!

B: No te preocupes, puedes preguntarle a George, el otro recepcionista. Te lo presentaré.
L: Muy bien. °Muchas gracias!

2 USEMOS EL IDIOMA

a. Ordinal numbers - Los números ordinales del 1° al 31°:

1st	**first**	primero/a
2nd	**second**	segundo/a
3rd	**third**	tercero/a

4th	fourth (cuarto)		12th	twelfth (duodécimo)
5th	fifth (quinto)		13th	thirteenth (decimotercero)
6th	sixth (sexto)		14th	fourteenth (decimocuarto)
7th	seventh (séptimo)		15th	fifteenth (decimoquinto)
8th	eighth (octavo)		16th	sixteenth (decimosexto)
9th	ninth (noveno)		17th	seventeenth (decimoséptimo)
10th	tenth (décimo)		18th	eighteenth (decimoctavo)
11th	eleventh (undécimo)		19th	nineteenth (decimonoveno)
			20th	twentieth (vigésimo)

En los números compuestos, el número ordinal se coloca al final:

21st	twenty-**first** (vigésimo primero/a)		26th	twenty-**sixth**
22nd	twenty-**second**		27th	twenty-**seventh**
23rd	twenty-**third**		28th	twenty-**eighth**
24th	twenty-**fourth**		29th	twenty-**ninth**
25th	twenty-**fifth**		30th	**thirtieth** (trigésimo)
			31st	thirty-**first**

Se usan para

→ **indicar el orden en que algo sucede o está ubicado:**
This is my **first** trip to the U.S.   Este es mi **primer** viaje a los EE.UU
My house is the **third** on the left   Mi casa es la **tercera** a la izquierda

→ **decir las fechas:**
My birthday is on October **27th**   Mi cumpleaños es el **27** de octubre

→ **indicar los pisos de un edificio:**
I live on the **fourteenth** floor   Vivo en el **decimocuarto** piso

b. At a hotel - En un hotel:

hotel administration: administración	**giftshop:** tienda de regalos
lobby: lobby	**swimming pool:** piscina
front desk: recepción	**conference room:** salón de conferencias
coffeeshop: cafetería	**restaurant:** restaurante
bar: bar	**gym:** gimnasio

c. Work tools - Herramientas de trabajo:

computer: computadora	**stationery:** artículos de oficina
printer: impresora	**pen:** bolígrafo
fax machine: fax	**pencil:** lápiz
photocopier: fotocopiadora	**stapler:** engrapadora
copy paper: papel para copias	**clip:** clip
eraser: goma	

3 ESTUDIEMOS LA GRAMÁTICA

a. Estudiemos las siguientes preposiciones que indican posición:

in front of (delante de)	**behind** (detrás de)
above (arriba de)	**below** (debajo de)
on (sobre)	**under** (debajo de)
across from (enfrente de)	**next to** (al lado de)
to the right (hacia la derecha)	**to the left** (hacia la izquierda)

The printer is **in front** of the scanner	La impresora está **delante del** escáner
The photocopier is **behind** the fax machine	La fotocopiadora está **detrás del** fax
The conference room is **above** the lobby	El salón de conferencias está **arriba del** lobby.
It's 35 degrees **below** zero	Hace 35 grados **bajo** cero
The computer is **on** a desk	La computadora está **sobre** el escritorio
My pen is **under** the desk	El bolígrafo está **debajo del** escritorio

b. Los adverbios de lugar **here** (aquí, acá) y **there** (allí, allá):

Here se usa para indicar algo que está ubicado **cerca de la persona que habla:**

| The printer is **here.** | La impresora está **aquí.** |
| Is there a hotel near **here?** | ¿Hay un hotel cerca de **aquí?** |

There se usa para indicar algo que está **alejado de la persona que habla:**

The photocopier is **there**, next to the scanner
La fotocopiadora está **allí**, al lado del escáner

The restaurant is **there,** near the gift store.
El restaurante está **allá**, cerca de la tienda de regalos

Muchas veces estos adverbios se combinan con otras palabras:

The printer is right **here**	La impresora está **aquí mismo**
there	**allá mismo**
The fax machine is over **here**	La máquina de fax está **por aquí**
there	**allá**
The stationery is **up there**	Los artículos de oficina están **allá arriba**
down here	**aquí abajo**

NIVEL 1

NIVEL 2

NIVEL 3

NIVEL 4

NIVEL 5

NIVEL 6

UNIDAD 16

EN ESTA UNIDAD APRENDEREMOS:

USEMOS EL IDIOMA
- Dirigirse respetuosamente a alguien
- Pedir a alguien que haga algo
- Las fechas
- Desear una buena estadía

ESTUDIEMOS LA GRAMÁTICA
- Preposiciones que indican movimiento
- Preposiciones de movimiento con verbos

HABLANDO CON CLIENTES EN EL TRABAJO

Luis registra a su primer huésped y responde a sus preguntas.

---

1 DIÁLOGOS

Guest: Good morning. I want to check in, please.
Luis: Good morning, sir. Do you have a reservation?
G: Yes, my name's John Anderson. I have a reservation for a single room.

Huésped: Buenos días. Quiero registrarme, por favor.
Luis: Buenos días, **señor**. ¿Tiene una reserva?
H: Sí, mi nombre es John Anderson. Tengo una reserva para una habitación simple.

•••

L: Just a moment, please... Yes, that's right, Mr. Anderson. A single room, **February 20th through February 24th**. How are you paying?

L: Un momento, por favor, ...Sí, así es, Mr. Anderson. Una habitación simple desde el **20 de febrero** hasta el **24 de febrero**. ¿Cómo va a pagar?

G: With a credit card. Here you are.
L: Thank you. **Would** you complete the guest registration card?

H: Con tarjeta de crédito. Aquí tiene.
L: Gracias. **Podría** completar la tarjeta de registro?

G: Sure… There you are.

H: Seguro… Aquí tiene.

L: Thank you, **sir**. Here's your room key. The bell boy will take your baggage to your room.

L: Gracias, **señor**. Aquí tiene la llave de su habitación. El botones llevará su equipaje a su habitación.

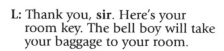

G: Thank you. Where are the elevators?
L: Go across the lobby and to the left. The elevators are **next to** the gift store.

H: Gracias. ¿Dónde están los ascensores?
L: **Cruce** el lobby y vaya a la izquierda. Los ascensores están **al lado de** la tienda de regalos.

G: And how do I get to the swimming pool?
L: Take the elevator **up to** the 20th floor.

H: ¿Y cómo llego a la piscina?
L: Tome el ascensor **hacia arriba hasta** el piso 20.

L: When you **come out of** the elevator, **go across** the hall, and turn left.

L: Cuando **sale** del ascensor, **cruce** el hall y **doble** a la izquierda.

L: **Go along** the corridor, **past** the gym, and you'll see a small escalator on your right. **Go up** the escalator and there's the pool.

L: **Vaya** por el pasillo, **pase por delante** del gimnasio y verá una pequeña escalera mecánica a su derecha. **Suba** por la escalera y allí está la piscina.

G: Thank you very much.
L: You're welcome. **Enjoy your stay with us.**

H: Muchísimas gracias.
L: No hay de qué. **Disfrute su estadía con nosotros.**

a. Cuando **queremos dirigirnos respetuosamente hacia un hombre o una mujer**, se usa **sir** (señor) o **madam** (señora):

Good morning, **sir**	Buenos días, **señor**
Good afternoon, **madam**	Buenas tardes, **señora**
ma'am	
(abreviado)	

b. Para **pedirle a alguien que haga algo,** se pueden usar estos auxiliares:

would (más formal)   **will** (más informal)

Would you complete the guest registration card?	¿**Completaría** la tarjeta de registro?
Would you sign here?	¿**Firmaría** aquí?
Would you wait for a few minutes?	¿**Esperaría** unos minutos?
Will you follow me, please?	¿**Me sigue,** por favor?
Will you answer the phone?	¿**Contestarías** el teléfono?
Will you call her, please?	¿**La llamarías,** por favor?

c. Dates - Las fechas:
Se usan siempre los **números ordinales.** Puedes escribir:

November 6th	o	**November 6**
January 20th	o	**January 20**

Si lo escribes en números, recuerda que el orden es **mes + día:**

November 6   11/6   January 20   1/20

Y leerás:

November sixth   January twentieth

d. Para desear una buena estadía, se puede decir:

Enjoy your stay with us   **Disfrute su estadía con nosotros**

3 ESTUDIEMOS LA GRAMÁTICA

a. Preposiciones que **indican movimiento:**

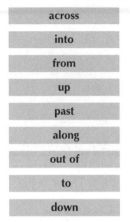

across	cruzando / a través
into	adentro
from	desde
up	arriba
past	después de
along	a lo largo
out of	afuera
to	hacia
down	abajo

b. Estas preposiciones se usan generalmente con verbos que indican movimiento, por ejemplo:

Go (ir)

I have to **go to** the supermarket	Tengo que **ir al** supermercado
Go across the hall	**Cruce** el salón
Go past the gym	Pase **por delante** del gimnasio
She's **going up** the escalator	Ella está **subiendo** por la escalera mecánica
He's **going into** the hotel	Él está **entrando** en el hotel
We **went out** of the room	Nosotros **salimos** de la habitación
Are you **going along** Folsom St?	¿Estás **yendo por** la calle Folsom?
Go up to the 2nd floor	**Suba hasta** el 2° piso

Walk (caminar)

They were **walking to** the station   **Ellos** estaban **caminando hacia la estación**

I **walked past** the drugstore   **Pasé caminando** por delante de la farmacia

Walk across the park   **Cruza** el parque

I love **walking along** the river   Me encanta **caminar a lo largo del río**

We **walked out** of the room   **Salimos del** cuarto

They **walked into** the hotel   **Entraron al** hotel

Drive (conducir)

He **drove from** his house **to** the station   **El condujo desde** su casa **hasta** la estación

I **was driving along** Geary St.   Estaba **conduciendo a lo largo** de la calle Geary

Swim (nadar)

He **swam across** the river   El **nadó a lo ancho** del río

Travel (viajar)

He's **traveling to** Puerto Rico   Él está **viajando a** Puerto Rico

They **traveled from** Miami **to** Naples   Ellos **viajaron desde** Miami hasta Naples

Run (correr)

She **runs up** the hill twice a week   Ella **sube corriendo** la colina dos veces por semana

They **ran out** of the room   Ellos **salieron corriendo** de la habitación

UNIDAD 17

EN ESTA UNIDAD APRENDEREMOS:

USEMOS EL IDIOMA
- *Preguntar marcas y modelos*
- *Números 1,000 a 1,000,000*
- *Los años*
- *El dinero*
- *Los precios*
- *Partes de un auto*

ESTUDIEMOS LA GRAMÁTICA
- *Comparaciones: Tan… como*

EL VENDEDOR DE AUTOS

Bill quiere comprar un automóvil y va a una agencia de automóviles usados.

---

1 DIÁLOGOS

Bill: I'd like a car which is economical and not very expensive
Salesperson: There are many good cars. I could show you this one, for example.

Bill: Quisiera un auto que sea económico y no muy caro.
Vendedor: Hay muchos automóviles buenos. Puedo mostrarle éste, por ejemplo.

B: What **make** is it?
S: This is a Honda. It's a great car.
B: What **model** is it?

B: ¿Qué **marca** es?
V: Éste es un Honda. Es un gran automóvil.
B: ¿Qué **modelo** es?

S: It's a **2000** Civic, and it's in excellent condition. And I can show you a Lexus IS 300 too. There's a **2001** model that's really good.

V: Es un Civic del año 2000 y está en excelentes condiciones. Y también puedo mostrarle un Lexus IS 300. Hay un modelo del 2001 que está realmente muy bien.

B: And what's the difference between them?
S: A Honda **is as good as** a Lexus. It's **less powerful** but it's **more economical**, and the **trunk** space is **bigger**.

B: ¿Y cuál es la diferencia entre ellos?
V: Un Honda **es tan bueno** como un Lexus. Tiene **menos potencia** pero es **más económico** y el **maletero** es **más grande**.

S: The Lexus has a **bigger engine** so it's **faster**, and is **more expensive** than the Honda. It's **more popular** with young people like you! I sell a lot every day!

V: El Lexus tiene un **motor más grande** y por eso es **más rápido**, y es **más caro que** el Honda. °Es **más popular** entre la gente joven como usted! °Vendo un montón todos los días!

B: Yes, I can imagine… How much is the Honda?
S: This Honda is an **older** model, so it's **less expensive than** that Lexus. It's around $13,500.

B: Sí, me imagino… ¿Cuánto cuesta el Honda?
V: Este Honda es un modelo **más viejo**, y por eso es **menos caro que** aquel Lexus. Cuesta aproximadamente US$13.500.

B: And how can I pay for it?

B: ¿Y cómo puedo pagarlo?

S: Well, you can make a down payment of 20% of the total price, and the rest in monthly installments.

V: Bueno, usted puede hacer un anticipo del 20% del precio total y el resto en cuotas mensuales.

B: I see… Can I take it for a test drive?

B: Entiendo… ¿Puedo dar una vuelta de prueba?

S: Sure, no problem! Once you get into this car, you will not want to get out of it!

V: °Seguro, no hay problema! °Una vez que usted entre en este automóvil, no querrá salir de él!

a. Para preguntar por **la marca** de un automóvil, dices:

What **make** is it?   ¿Qué **marca** es?

b. Para saber el **modelo**:

What **model** is it?   ¿Qué **modelo** es?

c. Numbers from 1000 to 1,000,000,000 -
Los números del 1.000 a 1.000.000.000.

1000 a/one thousand	10,000 ten thousand
1,200 a/one thousand two hundred	13,000 thirteen thousand
2,000 two thousand	50,000 fifty thousand
3,000 three thousand	100,000 a/one hundred thousand
4,000 four thousand	500,000 five hundred thousand
5,000 five thousand	1,000,000 a/one million
	1,000,000,000 a/one billion

1M:1 million   2Bn: 2 billion

Para los norteamericanos **un billón** es equivalente a **mil millones.**
Los números para indicar cantidades o precios se separan con una coma 50,000
o ningún signo 50000

d. The years - Los años:
El año 2000 y sucesivos, se dice generalmente, de esta forma:

2000 two thousand   2004 two thousand and four

o puede también decirse:

2004 (20 04) twenty oh four   2010 (20 10) twenty ten

Los años de los siglos anteriores se dicen como si fueran dos números separados:

1999 (19 99) nineteen ninety-nine 1885 (18 85) eighteen eighty-five
1996 (19 96) nineteen ninety-six 1770 (17 70) seventeen seventy

d. Money - El dinero:
La moneda norteamericana es el **dollar**: dólar

One dollar (un dólar): 100 cents (cien centavos)

Bills: billetes
$1 one dollar
$5 five dollars
$10 ten dollars
$20 twenty dollars
$50 fifty dollars
$100 a/one hundred dollars

Coins: monedas
1¢ (a/one penny) un centavo de dólar
5¢ (a/one nickel) cinco centavos de dólar
10¢ (a/one dime) diez centavos de dólar
25¢ (a/one quarter) veinticinco centavos de dólar

e. Prices - Los precios
Fíjate como se pueden leer los precios:

$2.25	two dollars twenty-five cents / two twenty-five
$45.89	forty-five dollars eighty-nine cents / forty-five eighty-nine

g. A car - Un automóvil.

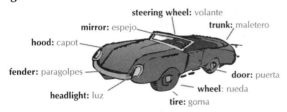

steering wheel: volante
mirror: espejo
trunk: maletero
hood: capot
fender: paragolpes
door: puerta
headlight: luz
wheel: rueda
tire: goma

parking brake: freno de mano
accelerator: acelerador
radiator: radiador
brake: freno
battery: batería
clutch: embrague
gear box: caja de cambios
windshild: parabrisas

3 ESTUDIEMOS LA GRAMÁTICA

a. Comparisons - Las comparaciones:
Las palabras que se usan generalmente para hacer comparaciones son los adjetivos, que, como ya estudiamos, describen o dan características de un sustantivo que puede referirse a una persona, un lugar o una cosa.

a **tall** girl   una muchacha **alta**   a **big** car un automóvil **grande**

adjetivo

a **small** house   una casa **pequeña**

para hacer comparaciones fíjate en las siguientes reglas:

En los adjetivos cortos en general, se agrega **–er**:

tall**er**: **más** alta/o
bigg**er**: **más** grande
small**er**: **más** pequeña/o
nic**er**: **más** agradable
young**er**: **más** joven

En los adjetivos cortos que terminan en **y**, la **y** cambia por **i + er**:

pretty: prett**ier**	**más** bonita/o
friendly: friendl**ier**	**más** amigable
easy: eas**ier**	**más** fácil
heavy: heav**ier**	**más** pesado/a
early: earl**ier**	**más** temprano

En los adjetivos largos, se agrega more (más) / less (menos):

intelligent: **more** intelligent	**más** inteligente
beautiful: **less** beautiful	**menos** linda/o
expensive: **more** expensive	**más** caro/a
interesting: **less** interesting	**menos** interesante
important: **more** important	**más** importante

Cuando mencionamos las cosas, lugares o personas que comparamos, se agrega **than** (que), tanto con los adjetivos cortos como con los largos:

Bill is **taller than** Luis	Bill es **más alto que** Luis
A Honda is **bigger than** a Lexus	Un Honda es **más grande que** un Lexus
English is **easier than** Spanish	El inglés es **más fácil que** el español
A Lexus is **more expensive than** a Honda	Un Lexus es **más caro que** un Honda
This book is **less interesting than** the other	Este libro es **menos interesante que** el otro
Love is **more important than** money	El amor es **más importante que** el dinero

Algunos adjetivos cambian total o parcialmente al formar el comparativo:

good (bueno)	**better** (mejor)
bad (malo)	**worse** (peor)
far (lejos)	**farther** (más lejos)

My new house is **better than** the old one	Mi nueva casa es **mejor que** la vieja
This movie is **worse than** the other one	Esta película es **peor que** la otra
San Diego is **farther than** Los Angeles	San Diego está **más lejos** que Los Angeles.

b.También se pueden hacer comparaciones usando **as + adjetivo + as** (tan... como):

A Honda is **as good as** a Lexus	Un Honda es **tan bueno como** un Lexus
My sister is **as intelligent as** my brother	Mi hermana es **tan** inteligente **como** mi hermano

Y en negativo **not as + adjetivo + as** (no tan... como):

A Honda **is not/isn't as expensive as** a Lexus	Un Honda **no es tan caro como** un Lexus
This house **isn't as big as** yours	Esta casa **no es tan grande como** la tuya

EN ESTA UNIDAD APRENDEREMOS:

USEMOS EL IDIOMA
- Señales de tráfico
- Vocabulario de tránsito

ESTUDIEMOS LA GRAMÁTICA
- El verbo "must"
- "Don't have to" más verbo
- Prohibición "must not"

SACANDO LA LICENCIA DE CONDUCIR

Luis le pregunta a Bill cómo sacar la licencia de conductor.

1 DIÁLOGOS

Luis: Bill, do I **have to** apply for a driver's license?
Bill: Yes, when you become a resident or get a job, you **must** apply for it.

Luis: Bill, ¿**tengo que** solicitar una licencia de conductor?
Bill: Sí, cuando estableces residencia o tomas un trabajo, **debes** solicitarla.

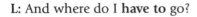

L: And where do I **have to** go?

L: ¿Y dónde **tengo que** ir?

B: You **have to** go to the Depart- ment of Motor Vehicles office, or DMV, and you **must** complete an application form.

B: **Tienes que** ir a una oficina del Departamento de Automotores, o D.M.V, y **debes** completar una forma de solicitud.

L: Do I **have to** pass any tests?
B: Yes, you **must** pass an eye exam and a traffic laws and signs test.

L: ¿**Tengo que** pasar algún examen?
B: Sí, **debes** pasar un examen de la vista y otro sobre las leyes y las señales de tránsito.

L: Oh, my God. Is it very difficult?

L: °Díos mío! ¿Es muy difícil?

B: Well, you **have to** learn the dri- ving laws and understand traffic signs in English. Many laws are common sense, like... you know... you **mustn't** drive if you drink alcohol, you **mustn't** drive faster than the speed limit...

B: Bueno, **tienes que** aprender las leyes de trán- sito y entender las señales de tránsito en in- glés. Muchas de las leyes son de sentido co- mún, como... tú sabes... **no debes** manejar si bebes alcohol, **no debes** manejar más rápido que el límite de velocidad...

L: I see.

L: Entiendo.

B: Anyway you can get into the DMV website on the Internet and read the California Driving Handbook. You can learn many regulations there.

B: De todas maneras, puedes entrar en el sitio de internet de la DMV y leer el Manual de Manejo de California. Puedes aprender muchas reglas allí.

L: Great, I'll do it right away! And do I **have to** pick the license up from the same office?

L: ºFantástico, lo haré ya mismo! Y **tengo que retirar** la licencia de la misma oficina?

B: You **don't have to** pick it up from the office, you'll receive it in the mail.

B: No **tienes que** retirarla de la oficina, la recibirás por correo.

a. Traffic signs - Las señales de tránsito
Veamos el significado de algunas señales:

Pare

Velocidad
máxima 55

Ceda el paso

Two way
Doble sentido

No U turn
No girar en U

Manténgase a la
derecha

No right turn
No girar a la
derecha

Sentido único

No left turn
No girar a la
izquierda

b. Estudiemos el vocabulario relacionado con el tránsito:

pedestrian: peatón   **crosswalk:** cruce peatonal
traffic light: semáforo   **intersection:** cruce de calles
traffic signs: señales de tránsito   **highway / freeway:** autopista

turnpike: autopista con peaje
toll: peaje
lane: carril de una autopista

3 ESTUDIEMOS LA GRAMÁTICA

a. En **Unit 4, Lesson 4B**, estudiamos que para expresar algo que es necesario hacer se usa **have to** en afirmaciones y preguntas:

You **have to** go to an office of the   **Tienes que** ir a una oficina del
Department of Motor Vehicles   Departamento de Automotores

Do I **have to** apply for a driver license? **¿Tengo que** solicitar la licencia de
                                              conductor?

Ahora veremos que para expresar que **es necesario u obligatorio hacer algo**, sobre todo en el **lenguaje escrito**, o cuando se trata de **leyes, reglas o señales**, se usa el auxiliar **must** + verbo en infinitivo:

You **must** complete an application form   **Usted debe** completar una forma de
                                              solicitud.

You **must** get a California Driver's   **Usted debe** obtener una licencia de
License if you're a resident   conductor de California si es residente

You **must** pass an eye exam   **Usted debe** pasar un examen de la
                                              vista

b. Cuando se quiere expresar que **no es necesario** hacer algo, se usa **don't / doesn't have to** + verbo en infinitivo:

You **don't have to** pick it up from the office, you'll receive it in the mail	No tienes que retirarla de la oficina, la recibirás por correo
I **don't have to** go to the supermarket Bill will go later	No tengo que ir al supermercado, Bill irá más tarde
You **don't have to** sign. It's not necessary	No tienes que firmar. No es necesario

c. Cuando se debe expresar una **prohibición**, se usa **must not** o la forma contraída **mustn't:**

You **mustn't** drive if you drank alcohol	No debes conducir si bebiste alcohol
You **mustn't** drive faster than the speed limit	No debes conducir más rápido que el límite de velocidad

A menudo también se usa **can't** para expresar prohibición cuando hablamos:

You **can't** drive if you drank alcohol	No puedes conducir si bebiste alcohol

UNIDAD 19

EN ESTA UNIDAD APRENDEREMOS:

USEMOS EL IDIOMA
- Ofrecer ayuda en la tienda
- Buscar algo para comprar
  y entregar algo
- Si sólo estás mirando y
  cuánto cuesta
- Si lo compras y a la hora de pagar
- Combinar colores y los colores

ESTUDIEMOS LA GRAMÁTICA
- "One", "the one" y "which one"
- Adjetivos: posición en la frase
- Adejtivos sin plural y
  preposicion "for"
- Sustantivos siempre en plural
  Un par de...

COMPRANDO ROPA

Luis va al centro comercial a comprar una camiseta para Rosa, su hermana.

1 DIÁLOGOS

Salesclerk: Hi, how can I help you?
Luis: I'm looking for a t-shirt.

Vendedora: Hola, ¿en qué puedo ayudarlo?
Luis: Estoy buscando una camiseta.

S: Is it for you?
L: No, it's for my sister.

V: ¿Es para Ud?
L: No, es para mi hermana.

S: What size is she?
L: I think she's a **small**.
S: They are on that shelf.

S: ¿Qué talla es?
L: Creo que es **small**.
V: Están sobre aquel estante.

L: **Which one**, the shelf on the
   right or **the one** on the left?
S: **The one** on the right.

L: ¿Cuál, el estante de la derecha o el de la
   izquierda?
V: El de la derecha.

L: Are they **small**? I think Rosa is very
   small. These t-shirts look big.
S: Then, she's an **extra small**.
L: Yes, I **guess** an **extra small** will
   fit her. **What colors do they
   come in?**

L: ¿Son **small**? Creo que Rosa es muy pequeña.
   Estas camisetas parecen grandes.
V: Entonces es **extra small**.
L: Supongo que una **extra small** le sentará.
   ¿En qué colores vienen?

S: They come in **green, pink,
   lavender, yellow, orange, red…**
L: I like the **pink one. How much
   is it?**

S: Vienen en **verde, rosa, lavanda, amarillo,
   anaranjado, rojo**…
L: Me gusta la **rosa**. ¿Cuánto cuesta?

S: $15 plus tax.
L: I want to buy **a pair of** tennis shoes **to match with** the t-shirt.

V: US$15 más impuesto.
L: Quiero comprar **un par de** zapatos tenis **que le combinen** con la camiseta.

S: Sure, there are some on sale. What size?
L: I'm sure she's a 5.
S: **There you go.**

V: Seguro, hay algunos en oferta. ¿Qué número?
L: Estoy seguro que ella es un 5.
V: **Aquí tiene.**

L: How much is it?
S: It's $15 for the t-shirt, and $25 plus taxes for the tennis shoes. That makes $48.40. **How are you paying for this?**

L: ¿Cuánto es en total?
V: US$15 por la camiseta y US$25 más impuestos por los zapatos tenis. Son U$48.40. **¿Cómo va a pagar?**

L: **Cash. Here you go.**
S: Thank you. Goodbye.
L: Now to the men's section. I need **a pair of** pants.

L: **En efectivo. Aquí tiene.**
V: Gracias. Adiós.
L: Ahora a la sección "Hombres". Necesito **un par de** pantalones.

a. En una tienda, **el vendedor te ofrecerá ayuda** de la siguiente manera:

May I help you?
Can I help you? ——————● ¿Puedo ayudarlo?
How can I help you?

b. Cuando buscas algo para comprar, puedes usar las siguientes frases:

I am looking for a pair of jeans.	Estoy buscando un par de jeans
I'd like to see	Quisiera ver
I want	Quiero
I need	Necesito

c. Al entregar algo, puedes decir:

Here you go
——————● Aquí tiene
There you go

d. Si sólo estás mirando, puedes decir:

I'm just looking, thanks   Sólo estoy mirando, gracias

e. Para preguntar **cuánto cuesta** algo, puedes decir:

How much is it?
How much is this? ——————● ¿Cuánto cuesta?
How much does this cost?

f. Si **lo compras,** dirás:

I'll take it ┌ Lo/la llevo
them └ Los/las llevo

g. A la hora de pagar, te preguntarán:

How are you paying?	¿Cómo va a pagar?
How do you want to pay?	¿Cómo quiere pagar?

h. Y podrás contestar: **cash**

in cash ── ● en efectivo

with a credit card ─● con tarjeta de crédito

i. Cuando hablas de combinar colores, puedes decir:

Can I see a pair of pants **to match** with this blue t-shirt?
¿Puedo ver un par de pantalones **que combinen** con esta camiseta azul?

I am looking for a color **to match** with navy blue
Estoy buscando un color **que combine** con azul marino

j. The colors - Los colores

brown	marrón	blue	azul
orange	anaranjado	gray	gris
red	rojo	black	negro
yellow	amarillo	white	blanco
green	verde	pink	rosa

cuando los colores son más claros, se usa **light:**
light blue: azul claro, celeste

cuando son más oscuros, se usa **dark:**
dark blue: azul oscuro

3 ESTUDIEMOS LA GRAMÁTICA

a. Para evitar la repetición de sustantivos usamos las palabras **one"** or **the one:**

The **t-shirt** on the shelf is **extra small**, the one on the table is **small**
La **camiseta** sobre el estante es **extra small**, la que está sobre la mesa es **small**

I like this red **shirt,** but I like the blue **one** too
Me gusta esta **camisa** roja, pero me gusta **la** azul también

b. Cuando hay **varias opciones**, para saber a cuál te refieres puedes preguntar:
Which one? que significa **¿Cuál?**

I want to see that t-shirt, please   Quiero ver esa camiseta,
                                          por favor

Which one, the green **one** or the gray **one?** **¿Cuál, la** verde o **la** gris?

c. The adjectives - Los adjetivos. Se colocan siempre **delante del sustantivo**:

The **yellow** handbag is $35	La cartera **amarilla** cuesta U$35
This is a **small** t–shirt.	Esta es una camiseta **pequeña**
That is a **heavy** bag.	Esa es una bolsa **pesada**

O **detrás** del verbo **to be**:

The handbag **is yellow**	La cartera **es amarilla**
This t–shirt **is small**	Esta camiseta **es pequeña**
That bag **is heavy**	Esa bolsa **es pesada**

Los adjetivos en inglés **no tienen plural**:

a **yellow** t-shirt	una camiseta **amarilla**
five **yellow** t-shirts	cinco camisetas **amarillas**
a pair of **brown** shoes	un par de zapatos **marrones**
two pairs of **brown** shoes	dos pares de zapatos **marrones**

d. La preposición **for** indica que **algo es para alguien:**

Is it **for** you?	¿Es **para** ti?
No, it's **for** my sister	No, es **para** mi hermana

e. Estos sustantivos se escriben siempre en plural:

shorts: pantalón/es corto/s   **pants:** pantalón/es largo/s
jeans: pantalón/es de jean   **glasses:** anteojos

Para indicar que nos referimos a un solo artículo, debemos usar **a pair of** (un par de):

The **pants** are on that shelf   Los **pantalones** están en aquel estante
I'll take this **pair of pants**   Llevo este pantalón

A pair of también se usa con los siguientes objetos que **siempre son dos:**

a pair of **gloves** (guantes)
boots (botas)
shoes (zapatos)
socks (calcetines)

UNIDAD 20

EN ESTA UNIDAD APRENDEREMOS:

USEMOS EL IDIOMA
- *Pedir de qué tipo es un objeto*
- *La talla*
- *Ver alternativas de color y tamaño*
- *Algo que te queda bien*
- *Probar una prenda*

ESTUDIEMOS LA GRAMÁTICA
- *"Too" (demasiado)*
- *"Enough"*
- *Pedir permiso*
- *Plurales de "this" y "that"*

CAMBIANDO LA ROPA

Luis compró un par de pantalones pero no le quedan bien y al día siguiente decide ir a cambiarlos.

---

1 DIÁLOGOS

Salesclerk: Good morning sir. **May I help you?**
Luis: Uh... Yes, please. I bought these pants yesterday and they don't fit me. Could I change them?

Vendedor: Buenos días, señor. **¿Puedo ayudarlo?**
Luis: Eh,... sí, por favor. Ayer compré estos pantalones y no me quedan bien. ¿Podría cambiarlos?

S: OK. Let me see. What's the problem with them?
L: Well… I'm a **medium**, but…

V: Está bien. Déjeme ver... ¿Cuál es el problema?
L: Bueno... Yo soy un **medium**, pero....

S: These are perfect, they are **medium**.
L: Yes, but they are not long
   enough, they are **too** short.

V: Estos son perfectos, son **medium**.
L: Sí, pero no son **suficientemente** largos, son
   demasiado cortos.

S: Oh, I see. Why don't you **try**
   these **on?**
L: **What kind** of pants are they?

V: Ah! Ya veo. ¿Por qué no se **prueba** estos?
L: ¿**Qué tipo** de pantalones son?

S: They are the same pants but **large**.
L: Right. Thanks. (He goes to the
   dressing room.)

V: Son los mismos pantalones, pero son **large**.
L: Bien. Gracias. (Va al probador.)

S: How do they **fit** you?
L: Well, they don't **fit** me either.
   They're **too** big.

V: ¿Cómo le **quedan**?
L: Bueno, tampoco me **quedan** bien. Son
   demasiado grandes.

S: Then, **try** this pair in **medium**.
How about it?
L: The **size** is OK, but they are not
long **enough**.

V: Entonces **pruébese** éstos en **medium**. ¿Cómo
le quedan?
L: La **medida** está bien, pero no son lo **suficien-**
temente largos.

S: Oh, the legs are **too** short. Let's
see a **medium** with long legs.
Here you are. **Try on** this pair,
please.

V: Ah, las piernas son **demasiado** cortas, veamos
un **medium** con piernas largas. Aquí tiene.
Pruébese este par, por favor.

L: Oh, well, at last… These ones are
fine. **I'll take them.**

L: Ah, bien, por fin ... Estos están bien. °**Los**
llevo!

S: Good. Here you are. Bye!
L: Thank you very much for your
help. Bye!

V: Bien. Aquí tiene. Adiós.
L: Muchas gracias por su ayuda. Adiós.

a. Clothes - La ropa.

		pants: pantalones
suit: traje	sweater: suéter	t-shirt: camiseta
shirt: camisa	blouse: blusa	raincoat: impermeable
tie: corbata	skirt: falda	scarf: bufanda
coat: abrigo	dress: vestido	gloves: guantes

b. Cuando quieres saber **de qué tipo es determinado objeto** debes preguntar de la siguiente forma:

What type of...?	¿**Qué tipo** de...?
What kind of...?	¿**Qué clase** de...?
What type of t–shirt?	¿**Qué tipo** de camiseta?
What kind of pants?	¿**Qué clase** de pantalones?

c. Size - La talla:

Hay tres medidas:

Large (L)	Grande, con sus variantes: XL, XXL, XXXl
Medium (M)	Mediano/a
Small (S)	Pequeño/a, con sus variantes: XS, XXS

d. Cuando deseas ver un **artículo en colores o tamaños diversos**, debes solicitarlo de esta manera:

May I see this **in** pink?	¿Puedo ver esto **en** rosa?
Can I have it **in** extra large?	¿Puedo tener esto **en** extra grande?
May I have it **in** yellow?	¿Puedo verlo **en** amarillo?

e. Los verbos, **suit** y **go**:

Los podrás usar para expresar que **una prenda o un color te sienta bien:**

This color **suits** me very well.	Este color **me queda** muy bien.
These jeans **suit you**.	Estos jeans **te sientan**.
This t-shirt **goes** well **with** my new jeans.	Esta camiseta **va** bien **con** mis nuevos jeans.

f. Cuando te vas a **probar una prenda,** debes usar el verbo **try on:**

I'll **try on** this t-shirt	Me **probaré** esta camiseta
Please, **try** on these shoes	Por favor, **pruébese** estos zapatos
May I **try** on that raincoat?	¿Puedo **probarme** ese impermeable?

a. Too - Demasiado

Debes usar **too** delante del adjetivo:

This pair of pants is **too big**	Este par de pantalones es **demasiado grande**
These shoes are **too small**	Estos zapatos son **demasiado pequeños**

b. Enough - Suficientemente

Debes usar **enough** después del adjetivo:

This t-shirt is **not big enough**	Esta camiseta **no es suficientemente grande**
That skirt **is not long enough**	Esa falda no **es suficientemente larga**
This scarf is **not long enough**	Esta bufanda **no es suficientemente larga**

c. Para **pedir permiso** se usa **may, can, could** en forma interrogativa:

Mas formal	**May** I see those jeans?	¿**Podría** ver esos jeans?
	May I see them in blue?	¿**Podría** verlos en azul?
Neutral	**Could** I try on this pair?	¿**Podría** probarme este par?
Mas informal	**Can** I try them on?	¿**Puedo** probármelos?

Y las respuestas pueden ser:

Afirmativas	**Negativas**
Yes, you **may**. Sí, puede	No, you **may not.** No, no puede
Yes, you **can**. Sí, puede	No, you **can't**. No, no puede
Sure. Seguro	**I'm sorry but you can't.** Lo siento, pero no puede
Certainly. Seguro	**I'm afraid you can't.** Me temo que no puede
Of course. Por supuesto	

d. En Unit 1, Lesson 1B, estudiamos **this** (este, esta, esto) y **that** (ese, esa, eso, aquel, aquella, aquello):

Ahora veamos los **plurales:**

Singular	Plural
this	these

These significa estas, estos ⟶ algo que está cerca de ti

I bought **these** pants yesterday	Compré **estos** pantalones ayer
Why don't you try **these** on?	¿Por qué no se prueba **estos**?
These blouses are beautiful	**Estas** blusas son bonitas

Singular	Plural
that	those

Those significa esas, esos, aquellas, aquellos ⟶ algo que está lejos de ti

Those shoes are black	**Aquellos** zapatos son negros
How about **those** skirts?	¿Qué te parecen **aquellas** faldas?
Those are fine	**Aquellas** están bien

APUNTES

NIVEL 1

NIVEL 2

NIVEL 3

NIVEL 4

NIVEL 5

NIVEL 6

UNIDAD 21

EN ESTA UNIDAD APRENDEREMOS:

USEMOS EL IDIOMA
- Sistemas de medición
- Maneras de enviar correspondencia

ESTUDIEMOS LA GRAMÁTICA
- El adverbio "how"
- Verbos que se usan al enviar correo

EN EL CORREO

Luis va al correo para enviarle el regalo de cumpleaños a su hermana Rosa.

1 DIÁLOGOS

Luis: Good afternoon, I'd like to **send** this package.
Clerk: What are you **mailing**, sir?
L: A gift for my sister. It's a t-shirt and a pair of tennis shoes.

Luis: Buenas tardes, quisiera **enviar** este paquete.
Empleado: ¿Qué va a **enviar**, señor?
L: Un regalo para mi hermana. Es una camiseta y un par de zapatos tenis.

C: Can you fill in this form, please? It's a customs requirement. How much did the gift cost?

E: ¿Puede completar esta forma, por favor? Es una exigencia de la aduana. ¿Cuánto costó el regalo?

L: $48.40.
C: How much does it weigh?

L: US$48,40.
E: ¿Cuánto pesa?

L: Uh… I don't know.
**C: Let's put it on the scale… it's
two pounds.**

L: Eh… no lo sé.
E: Pongámoslo en la balanza… son dos **libras**.

L: How can I mail it?
**C: There are many delivery op-
tions, but I think Global Airmail
is fine.**

L: ¿Cómo puedo enviarlo?
E: Hay muchas opciones de envío, pero creo que
Vía Aérea está bien.

**L: How long does it take to get to
Mexico?**

L: ¿Cuánto tarda en llegar a México?

C: It takes between 4 and 10 days, and it costs $12.50.

E: Tarda entre 4 y 10 días, y cuesta US$12,50.

L: O.K, I'll send it that way. One last question. **How** can **I send** money to Mexico?

L: Está bien, lo enviaré de esa manera. Una última pregunta. ¿**Cómo** puedo **enviar** dinero a México?

C: It's easy to **wire** money to Mexico. You send a money order, and your family can receive it at any post office there.

E: Es fácil **girar** dinero a México. Usted envía un giro y su familia puede recibirlo en cualquier oficina de correos allá.

L: Good. Thank you very much. Bye.
C: Bye, bye.

L: Bien. Muchísimass gracias. Adiós.
E: Adiós.

2 USEMOS EL IDIOMA

a. Fíjate en las equivalencias entre los **diferentes sistemas de medición.**

Sistema usado en EE.UU	Sistema métrico
1 ounce (oz.)	(1 onza) = 28 grams (28 gramos)
1 pound (lb.)	(1 libra) = 0.454 kilograms (0.454 kilogramos)
1 gallon (gal.)	(1 galón) = 4 liters (4 litros)
1 inch (in.)	(1 pulgada) = 25 millimeters (25 milímetros)
1 foot (ft.)	(1 pie) = 30 centimeters (30 centímetros)
1 yard (yd.)	(1 yarda) = 90 centimeters (90 centímetros)
1 mile (m)	(1 milla) = 1.6 kilometers (1.6 kilómetros)

b. Veamos las **diferentes maneras de enviar correspondencia:**

Global economy	Económico
Global airmail	Vía aérea
Surface mail	Correo terrestre
Global express mail	Correo expreso
Global express guaranteed	Correo expreso certificado

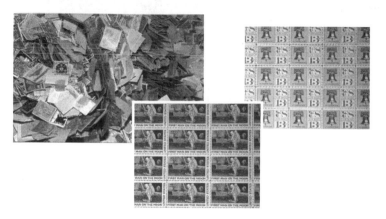

3 ESTUDIEMOS LA GRAMÁTICA

a. Preguntas con la palabra interrogativa **how**:
Cuando se usa sola, **how** quiere decir **cómo**:

How are you?	**¿Cómo** estás?
How is the weather today?	**¿Cómo** está el tiempo hoy?
How can I get to the	**¿Cómo** puedo llegar al
High Hills Hotel?	Hotel High Hills?

Cuando se la **combina con otra palabra**, tiene diferentes significados:

How + often:
para preguntar con qué frecuencia se hace algo *(Unit 3, Lesson 3B)*

How often do you go jogging?	**¿Con qué frecuencia** sales a correr?

How + old:
para preguntar la edad *(Unit 2, Lesson 2B)*

How old is your sister?	**¿Cuántos años** tiene tu hermana?

How + far:
para preguntar por distancia

How far is it?	**¿A qué distancia** está?
How far is the school?	**¿A qué distancia** está la escuela?

How + much:
para preguntar por el precio de algo

How much is it?	**¿Cuánto cuesta?**
How much is this shirt?	**¿Cuánto cuesta** esta camisa?
How much does this shirt cost?	**¿Cuánto cuesta** esta camisa?

How + much:
para preguntar por cantidad con un sustantivo incontable *(Unit 7, Lesson 7A)*

How much money do you have?	**¿Cuánto** dinero tienes?
How much water did you drink?	**¿Cuánta** agua bebiste?

How + many:
para preguntar por cantidad con un sustantivo contable *(Unit 7, Lesson 7A)*

How many gifts are you sending?	**¿Cuántos** regalos va a enviar?
How many languages do you speak?	**¿Cuántos** idiomas hablas?

How long does it **take** to get to Mexico?
¿Cuánto tiempo tarda en llegar a México?
How long does it **take** to travel from Los Angeles to San Francisco?
¿Cuánto tiempo lleva viajar desde Los Angeles hasta San Francisco?

Para **contestar** se usa **it + takes:**

It takes between 4 and 10 days	**Tarda/lleva** entre 4 y 10 días
It takes 7 hours	**Tarda/Lleva** 7 horas

b. Estudiemos estos **verbos relacionados con el envío de correspondencia:**

Send Mail ➤ **a letter /a postcard /a package**
(enviar una carta/tarjeta/ un paquete por correo)

Deliver ➤ **a letter /a postcard /a package**
(repartir o entregar una carta/ tarjeta/un paquete)

Wire ➤ **money** (girar dinero)

I'd like to **send** this letter.	Quisiera **enviar** esta carta.
They are **wiring** money home.	Ellos están **enviando** dinero a su casa.
The postman **delivers** letters.	El cartero **reparte** cartas.

UNIDAD 22

EN ESTA UNIDAD APRENDEREMOS:

USEMOS EL IDIOMA
- *Verbos que se usan en bancos*
- *Palabras que se usan en bancos*

ESTUDIEMOS LA GRAMÁTICA
- *Pedir confirmación en el presente*
- *Todavía ("still" y "yet")*
- *Ordenar y enumerar acciones*
- *Verbos usados con el dinero*

EN EL BANCO

Luis va a un banco para abrir una cuenta corriente.

1 DIÁLOGOS

Luis: Good morning. I'd like to **open an account.**

Luis: Buenos días. Me gustaría **abrir una cuenta.**

Clerk: At this moment we are offering "The One Account". This account offers a **checking account, a savings account, a debit card and a credit card**. It costs $10 per month.

Empleado: En este momento estamos ofreciendo "La Cuenta Única". Esta cuenta ofrece una **cuenta corriente, una caja de ahorros, una tarjeta de débito y una tarjeta de crédito.** Cuesta US$10 por mes.

L: Can I operate my account through the phone or the Internet?

L: ¿Puedo operar mi cuenta por teléfono o por Internet?

C: Yes. Our telephone **banking system** offers account information 24hs a day.

E: Sí. Nuestro **sistema de operaciones** bancarias **por teléfono** ofrece información las 24hs del día.

L: I **still** have some questions. What other services do you provide?

L: **Todavía** tengo algunas preguntas. ¿Qué otros servicios ofrecen?

C: You will have a **card to withdraw money** from an ATM.
L: **Debit cards** are expensive, **aren't** they?

E: Ud. tendrá una **tarjeta para retirar dinero** del cajero automático.
L: Las tarjetas **de débito** son caras, **¿verdad?**

C: No, our customers get debit cards **free of charge**.

E: No, nuestros clientes reciben tarjetas de débito **sin cargo**.

L: O.K. I'll open "The One Account". What do I have to do?

L: Muy bien. Abriré "La Cuenta Única". ¿Qué tengo que hacer?

C: **First** fill in your name here... **after that** your address, and **then** your ID number. **Finally**, you have to sign here. That's all.

E: **Primero** complete con su nombre aquí... **después** su dirección y **luego** su número de documento. **Finalmente**, tiene que firmar aquí. Eso es todo.

L: Thank you very much for your help.

L: Muchísimas gracias por su ayuda.

a- Algunos verbos relacionados con **operaciones bancarias** son:

To open an account	**abrir** una cuenta
To transfer money	**transferir** dinero
To withdraw money	**retirar** dinero
To deposit money	**depositar** dinero
To get balance information	**obtener** movimientos de cuentas

b- Otras palabras **que se refieren** a operaciones bancarias:

Mortgage	hipoteca
Personal Loan	préstamo personal
Interest rate	tasa de interés
Overdraft	sobregiro
Monthly payments	cuotas mensuales
ATM (Automatic Teller Machine)	cajero automático
Debit card	tarjeta de débito
Credit card	tarjeta de crédito
Checkbook	chequera
Bank statement	resumen bancario
Cash	efectivo
Transactions	transacciones

3 ESTUDIEMOS LA GRAMÁTICA

a. Cómo pedir confirmación en el presente: En español, cuando dices algo y quieres que la persona que está hablando contigo lo confirme, dices **¿verdad?** o **¿no?** al final de la frase, cualquiera sea el tiempo verbal en el que hablas (presente-pasado-futuro):

> Hace calor, **¿verdad?**
> **¿no?**

En inglés, **debes repetir el pronombre y el verbo to be o el auxiliar al final de la oración.** Si el verbo está en **afirmativo**, la **pregunta** se hace en **negativo**. Si el verbo está en **negativo**, la **pregunta** se hace en **afirmativo**. Veamos los ejemplos:

It is hot, isn't it?

| Verbo en afirmativo | Pregunta en negativo |

Con el verbo **to be:** Se repite **el pronombre y el verbo:**

| Verbo en afirmativo | Pregunta en negativo |

She is opening an account, **isn't she?**   Ella está abriendo una cuenta, **¿no?**
They are very expensive, **aren't they?**   Ellos son muy caros, **¿verdad?**

| Verbo en negativo | Pregunta en afirmativo |

You aren't withdrawing money, **are you?**   No está retirando dinero, **¿no?**
She isn't at the bank, **is she?**   Ella no está en el banco, **¿verdad?**

Con todos los **demás verbos:**
Se repite el auxiliar que corresponda y el pronombre. Nunca se usa el verbo:

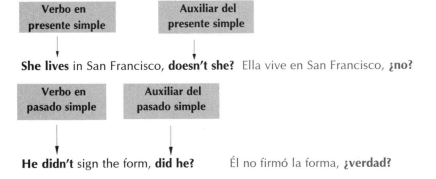

| Verbo en presente simple | Auxiliar del presente simple |

She lives in San Francisco, **doesn't she?**   Ella vive en San Francisco, **¿no?**

| Verbo en pasado simple | Auxiliar del pasado simple |

He didn't sign the form, **did he?**   Él no firmó la forma, **¿verdad?**

b. Para decir "todavía" se usan dos adverbios: **still** y **yet**
Still se usa **después del verbo to be:**

I'm **still** tired   **Todavía** estoy cansado

Y **delante de** los demás verbos:
    I **still** have one more question   Yo **todavía** tengo una pregunta más
    Do you **still** have a question?   ¿**Todavía** tienes una pregunta?

En las negaciones debe usarse **yet** al final de la frase. Por ejemplo:
    I'm **not** sure **yet**   Yo **no** estoy seguro **todavía**
    I don't have a card **yet**   **No** tengo una tarjeta **todavía**

c. Cuando se necesita **ordenar o enumerar acciones,** se utilizan las siguientes palabras:

First	Primero/En primer lugar
After that	Después de eso
Then	Luego
Finally	Finalmente

Observa estos ejemplos:

First you have to sign here, **after that** you must sign the back of your
card, **and finally** you can use your credit card.
Primero debes firmar aquí, después tiene que firmar al dorso de la tarjeta
y finalmente puede usar su tarjeta de crédito.
When you open an account, **first** you fill in a form and **then**, you receive your card.
Cuando abres una cuenta primero necesitas llenar un formulario y despues recibirás tu tarjeta.

d. Cuando se habla de **gastar dinero,** se usan dos verbos:

uno transmite una idea neutral   ➤ **spend:** gastar
otro transmite una idea negativa   ➤ **waste:** malgastar

I **spend** $100 per month in gas   **Gasto** US$ 100 por mes en gasolina
He **wastes** a lot of money on cars   El **malgasta** mucho dinero en autos

Estos dos verbos también están relacionados con el dinero:

Borrow (pedir prestado)   **Lend** (prestar)

She **borrows** money from the bank   Ella **pide prestado** dinero al banco
The bank **lends** her money   El banco le **presta** (a ella) dinero

UNIDAD 23

EN ESTA UNIDAD APRENDEREMOS:

USEMOS EL IDIOMA
- *Palabras usadas en el correo electrónico*
- *El verbo hope*
- *Palabras para describir un apartamento*

- *Formas y materiales*

ESTUDIEMOS LA GRAMÁTICA
- *El Genitivo Sajón*
- *Preposiciones de lugar: "in, on, at"*

UN APARTAMENTO CÓMODO

Luis le envía un correo electrónico a su hermana Rosa y le cuenta cómo es el departamento en el que vive con Bill.

1 DIÁLOGOS

(Luis is writing an e-mail to his sister)
Dear Rosa,
I hope you liked the gifts I sent you for your birthday.

(Luis le escribe un correo electrónico a su hermana)
Querida Rosa,
Espero que te hayan gustado los regalos que te envié para tu cumpleaños.

• •

Did you enjoy your party? Tell me about it!
I just got back from work. I have to **clean up** a bit,

¡Disfrutaste de tu fiesta? °Cuéntame acerca de ella!
Yo acabo de regresar del trabajo. Tengo que **hacer** un poco de **limpieza** ,

but I'm pretty tired. **Bill's apartment is small, but it's comfortable.**

pero estoy muy cansado. **El departamento de Bill** es pequeño pero es cómodo.

There's a **living room, a kitchen,** a **bedroom** and a **bathroom.**

Hay una **sala de estar,** una **cocina,** un **dormitorio** y un **baño.**

In the **living room,** there's a **big window, a brown couch, a square coffee table, a rectangular rug** and a **metal lamp.**

En la **sala de estar** hay una gran ventana, un sofá marrón, una mesa de centro cuadrada, una alfombra rectangular y una lámpara de metal.

There are a lot of photographs of **Bill's friends and family on** the **walls.**

Hay un montón de fotografías de **los amigos** y la familia de Bill sobre las paredes.

I'm going to put some of my **family's photos too!** In the **kitchen,** there's **a round glass table** and there are two **chairs.**

°Pondré algunas **fotos de mi familia también!** En la **cocina,** hay una **mesa redonda de vidrio** y dos **sillas.**

The **bathroom** isn't very big **either,** but there's a **bathtub.**

El **baño** no es muy grande **tampoco,** pero hay una **bañera.**

There's a **window** in the bedroom **too,** two **beds** and a **closet.** And we have a computer **on** a small **desk.** I'll send you some photographs soon!

Hay una **ventana** en el **dormitorio también,** dos camas y un **ropero.** Y tenemos una computadora sobre un **escritorio** pequeño. °Te enviaré algunas fotos pronto!

Take care, and study English! Love, Luis

Cuídate, y °estudia inglés! Cariños, Luis

a. Fíjate en lo que dicen los casilleros del correo electrónico:

De esta forma se leen los signos en una dirección de correo electrónico:

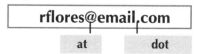

b. Para expresar **algo que esperas que haya sucedido** (en el pasado) **o que suceda** (en el futuro), se usa el verbo **hope** (esperar, tener la esperanza):

I **hope** you liked the gifts!	¡Espero que te hayan gustado los regalos!
I **hope** they had a nice weekend	Espero que ellos hayan tenido un buen fin de semana
I **hope** I'll finish early	Espero terminar temprano

c. An apartment - Un departamento

Rooms: habitaciones	**Furniture:** muebles
living room: sala de estar	couch: sofá bed: cama
dining room: comedor	chair: silla kitchen: cocina
table: mesa	desk: escritorio
bedroom: dormitorio	coffee table: mesa de centro
bathroom: baño	

Home appliances: artefactos del hogar

refrigerator: refrigerador	vacuum cleaner: aspiradora
stove: cocina	washing machine: lavarropas
oven: horno	microwave oven: horno a microondas

d. Shape and **materials** - Formas y materiales

Shape square (cuadrado/a)
round (redondo/a)
rectangular (rectangular)

Material metal (metal)
wood (madera)
glass (vidrio)

e. Veamos estas otras **maneras de despedirte:**

Take care!	¡Cuídate!
Look after yourself!	¡Cuídate!
Stay well!	¡Que sigas bien!

3 ESTUDIEMOS LA GRAMÁTICA

a. Para indicar posesión, estudiamos en **Unit 1, Lesson 1A** y en **Unit 2, Lesson 2A** los adjetivos posesivos **my / your / his / her / its / our / their**

Ahora veremos **el genitivo**, otra manera más de indicar posesión, que se forma agregando **'s** al sustantivo que se refiere a la persona que posee algo:

Genitivo ⌐

Bill has an apartment	Bill's apartment	El departamento de Bill
My sister has a book	My sister's book	El libro de mi hermana
Annie has a car	Annie's car	El auto de Annie

Cuando el **sustantivo es plural**, sólo se agrega el apóstrofo (**'**):

My brothers have an apartment	My brothers' apartment	El departamento de mis hermanos
Her friends have a house	Her friends' house	La casa de sus amigos

Cuando el nombre termina en **s**, se agrega **'s** o **'** dependiendo de cómo se pronuncia:

James**'s** car
(se pronuncia "**shéi**mziz")
Mr. Ramos' office
(se pronuncia Ramos)

Dennis**'s** apartment
(se pronuncia "**déni**siz")

b. Las preposiciones de lugar **in**, **on** y **at:**

in (en)
Significa **dentro de un lugar cerrado o con límites:**

in the kitchen   **en** la cocina
in the park   **en** el parque
in a city   **en** una ciudad

También se dice:

in the street : en la calle
in a car: en un automóvil
in the newspaper: en el diario
in bed: en la cama
in Los Angeles
in Australia

on (sobre)
significa **apoyado sobre una superficie:**

on the table   **sobre** la mesa
on the wall   **sobre** la pared
on the floor   **sobre** el piso

Fíjate en estos
otros ejemplos:

on Market Street: **en** la calle Market
on a bus: **en** un autobús
on a train: **en** un tren
on a plane: **en** un avión
on the first floor: **en** el primer piso
on the corner: **en** la esquina
on the right/left: **a** la derecha/izquierda
on the radio: **en** la radio

at (en)
indica **ubicación en general:**

at the door   **en** la puerta   **at** the bus stop   **en** la parada de autobuses
at the end of the street   **al** final de la calle

Se usa también
en estos casos:

at home: **en** casa
at work: **en** el trabajo
at school: **en** la escuela
at the airport: **en** el aeropuerto
at the gas station: **en** la gasolinería
at the conference: **en** la conferencia
at the concert: **en** el concierto

UNIDAD 24

EN ESTA UNIDAD APRENDEREMOS:

USEMOS EL IDIOMA
- La palabra *"mess"*
- Adjetivos de limpieza
- Sugerir ordenar un lugar
- Tareas domésticas

ESTUDIEMOS LA GRAMÁTICA
- Pronombres posesivos
- A quién pertenece algo *"whose"*
- Estar de acuerdo algo que dice alguien

AMUEBLANDO EL APARTAMENTO

Bill y Luis hablan sobre cómo ordenar el departamento.

1 DIÁLOGOS

Luis: Look, Bill, this place is a **mess**. We have to **clean up**, don't we?
Bill: Uh, yeah, it's very **untidy**, I know. I don't like this **mess**, but...

Luis: Mira, Bill, este lugar es **un lío**. Tenemos que limpiar, ¿verdad?
Bill: Eh, sí, está muy **desordenado**, lo sé. No me gusta este **desorden**, pero...

L: I don't **either**. There are **dirty** glasses and empty pizza boxes on the table... books and papers on the floor...

L: A mí **tampoco**. Hay vasos **sucios** y cajas vacías de pizza sobre la mesa... libros y papeles sobre el piso...

B: Well, yes, this mess is **mine**, but in our bedroom, there's a jacket on my bed…

B: Bueno, sí, este desorden es **mío**, pero en nuestro dormitorio hay una chaqueta sobre mi cama…

L: Uh… that's **mine**.
B: …and **smelly** socks on the chair… whose are they?

L: Eh… esa es mía.
B: …y calcetines **olorosos** sobre la silla… ¿de quién son?

L: Well… they're **mine** too…

L: Bueno… son **míos** también…

B: …and in the bathroom there are dirty clothes on the floor, they're **yours** too…

B: …y en el baño hay ropa sucia sobre el piso, es **tuya** también…

L: …yes, but **whose** is that shirt on the couch?

L: …sí, pero ¿**de quién** es esa camisa sobre el sofá?

B: O.K. We're **both** making a mess. I've got an idea. I'll **wash the dishes, sweep the floors** and **tidy the living room...**

B: O.K. Ambos estamos causando este desorden. Tengo una idea. Yo **lavaré los platos, barreré el piso** y **ordenaré la sala de estar**...

B: ...And you'll **pick up your clothes, make the beds** and **clean the bathroom.**

B: ...Y tú **recogerás tu ropa, harás las camas** y **limpiarás el baño.**

L: Yuck, I **hate** cleaning the bathroom!
B: I do **too!**

L: °Aah, **odio** limpiar el baño!
B: °Yo **también!**

a. Fíjate en estas frases con la palabra **mess** (lío/desorden):

This place is a **mess**!	¡Este lugar es un **lío**!
What a **mess**!	¡Qué **lío/ desorden**!
Look at this **mess**!	¡Mira este **desorden**!
I don't like this **mess**	No me gusta este **desorden**
We're making a **mess**	Estamos **desordenando/ haciendo lío**

b. Aprendamos estos adjetivos:

clean: limpio   **dirty**: sucio

tidy: ordenado   **untidy:** desordenado

c. Veamos qué se dice cuando sugieres ordenar un lugar:

We have to clean up!	¡Tenemos que limpiar!
Let's clean up this mess!	¡Limpiemos este desorden!
Let's clean the kitchen	**Limpiemos** la cocina
bathroom	el baño
bedroom	el dormitorio

d. Veamos algunas **tareas domésticas** que pueden hacerse para ordenar un lugar:

wash the dishes	lavar los platos
sweep the floor	barrer el piso
tidy the living room	ordenar la sala de estar
pick up the clothes	recoger la ropa
make the bed	hacer la cama
clean the bathroom	limpiar el baño
vacuum the carpet	pasar la aspiradora por la alfombra
dust the furniture	sacar el polvo de los muebles
iron the clothes	planchar la ropa

3 ESTUDIEMOS LA GRAMÁTICA

a. Otra manera de indicar posesión es usando los **pronombres posesivos:**

mine: mío/a míos/as   **ours:** nuestro/a nuestros/as

yours: tuyo/a-suyo/a   **yours:** suyo (de ustedes)

his: suyo (de él)   }   **theirs:** suyo (de ellos/as)

hers: suyo (de ella)

Reemplazan a un sustantivo y se usan para evitar la repetición:

adjetivo posesivo + sustantivo	pronombre posesivo	
This apartment is **my apartment**	This apartment **is mine**	Este departamento es **mío**
That shirt is **your shirt**	That shirt **is yours**	Aquella camisa es **tuya/suya**
This is **his book**	This book **is his**	Este libro es **suyo** (de él)
This car is **her car**	This car **is hers**	Este auto es **suyo** (de ella)
This is **our apartment**	This apartment **is ours**	Este departamento es **nuestro**
Those books are **your books**	Those books **are yours**	Aquellos libros son **suyos** (de ustedes)
These clothes are **their clothes**	These clothes **are theirs**	Estas prendas son **suyas** (de ellas/os)

b. Para preguntar **a quién pertenece algo**, se usa **whose?** (¿de quién? / ¿de quienes?):

whose + verbo to be en singular:

Whose is this book?   ¿**De quién** es este libro?   It's **mine.** Es **mío.**
Whose is this car?   ¿**De quién** es este automóvil? It's **hers.** Es **suyo** (de ella).

whose + verbo to be en plural:

Whose are those shoes?   ¿**De quién** son aquellos zapatos?
They're **his**   Son **suyos** (de él)
Whose are these socks?   ¿**De quién** son estos calcetines?
They're **yours**   Son **tuyos**

whose + sustantivo singular + verbo to be en singular:

Whose book is this?   ¿**De quién es** este **libro?**
Whose car is that?   ¿**De quién es** aquel **automóvil?**

whose + sustantivo plural + verbo to be en plural:

Whose shoes are those?   ¿**De quién son** aquellos **zapatos?**
Whose socks are these?   ¿**De quién son** estos **calcetines?**

c. Cuando **estás de acuerdo con algo que alguien está diciendo**, puedes expresarlo de las siguientes maneras:

Si se trata de una **oración afirmativa**, se usa **too** (también), al final de la oración:

A: **I am** very tired	**Estoy** muy cansado
B: **I am** very tired **too**	**Estoy** muy cansado **también**
A: **I like** cleaning up	**Me gusta** limpiar
B: **I like** cleaning up, **too**	**Me gusta** limpiar también

Si es una **oración negativa**, se usa **either** (tampoco), al final de la oración:

A: **I'm not** very tired	**No estoy** muy cansado
B: **I'm not** very tired **either**	**No estoy** muy cansado **tampoco**
A: **I don't** like cleaning up	**No me** gusta limpiar
B: **I don't** like cleaning up **either**	**No me** gusta limpiar **tampoco**

Para no repetir toda la frase, puedes armar la respuesta de la siguiente manera: si en la frase se usa el **verbo to be**, debes repetirlo y agregar **too** si es una oración **afirmativa** o **either** si es **negativa**:

A: **I am** very tired	**Estoy** muy cansado
A: **I'm not very** tired	**No estoy** muy cansado
B: **I am too**	**Yo** (estoy) **también**
B: **I'm not either**	**Yo** (no estoy) **tampoco**

Si en la frase se usa **cualquier otro verbo**, no repites el verbo sino que se usa el **auxiliar que corresponda**:

Oraciones afirmativas

Verbo en presente continuo	Verbo to be
↓	↓

I am dusting the furniture. **I am too.**

Estoy limpiando los muebles. **Yo también**

Verbo en presente simple	Auxiliar del presente simple
↓	↓

I like cleaning up. **I do too.**

Me gusta limpiar. **A mi también.**

Verbo en pasado simple	Auxiliar del pasado simple
↓	↓

I washed the dishes. **I did too.**

Lavé los platos. **Yo también.**

Oraciones negativas

Verbo en presente continuo	Verbo to be
↓	↓

I am not dusting the furniture. **I am not either.**

No estoy limpiando los muebles. **Yo tampoco.**

Verbo en presente simple	Auxiliar del presente simple
↓	↓

I don't like cleaning up. **I don't either.**

No me gusta limpiar. **A mi tampoco.**

Verbo en pasado simple	Auxiliar del pasado simple
↓	↓

I didn't wash the dishes. **I didn't either.**

No lavé los platos. **Yo tampoco.**

UNIDAD 25

EN ESTA UNIDAD APRENDEREMOS:

USEMOS EL IDIOMA
- *Describir como se ve o siente alguien*
- *Sugerir algo*
- *Saber si hay algún problema*
- *Expresar preocupación*

ESTUDIEMOS LA GRAMÁTICA
- *El Futuro*
- *"Both… and" / "either… or" / "neither… nor"*
- *Verbos para describir percepciones y sensaciones*

CITA A CIEGAS

Annie y Bill quieren que Luis conozca a Nicole, una amiga de Annie.

1 DIÁLOGOS

Annie: What's the matter?
Bill: I'm a bit **worried about** Luis. He **looks sad**.

Annie: ¿Qué sucede?
Bill: Estoy un poco **preocupado por** Luis. Se ve triste.

A: Why? What's wrong with him?

A: ¿Por qué? ¿Qué le pasa?

B: I think he **either** misses his family **or** his Mexican girlfriend. She left him when he came here and she **neither** phoned **nor** e-mail him.

B: Creo que **o** extraña a su familia **o** a su novia mexicana. Ella lo dejó cuando él vino aquí, y **ni** lo llamó **ni** le escribió por correo electrónico.

A: That's too bad! Maybe he **feels lonely**. Listen, I'm **going to do** something.
B: What? What **are** you **going to** do?

A: °Qué mal! Quizás se siente solo. Oye, voy a hacer algo.
B: ¿Qué? ¿Qué vas a hacer?

A: **Why don't** we arrange a blind date?
B: That sounds cool, but who is "the one"?

A: ¿**Por qué no** arreglamos una cita a ciegas?
B: Eso suena fantástico, ¿pero quién es "la elegida"?

A: Let me think... I've got it! Nicole, my best friend. I think they're going to match perfectly. **Both** work at international hotels.

A: Déjame ver... °Ya lo tengo! Nicole, mi mejor amiga. Creo que se van a llevar perfectamente. **Ambos** trabajan en hoteles internacionales.

B: O.K. let's do it. I'**m going to talk with** Luis. **What about** arranging something for, say… next Saturday?
A: Great!

B: O.K. Hagámoslo. **Hablaré** con Luis. **¿qué tal si organizamos algo para**, digamos,… el próximo sábado?
A: °Excelente!

B: Only that…
A: **What's the matter** now?

B: Sólo que…
A: **¿Qué sucede** ahora?

B: Are you sure they'**ll get along?**

B: **¿Estás** segura de que **se llevarán bien?**

A: Well, at least Luis **will have** an opportunity to improve his English! (Both laugh)

A: °Bueno, al menos Luis **tendrá** una oportunidad para mejorar su inglés! (Ambos ríen)

a. Para describir **cómo se ve o se siente una persona** se pueden usar estos verbos:

look	He **looks** angry	Se **ve** enojado
seem	She **seems** sad	**Parece** triste
feel	I **feel** lonely	Me **siento** solo/a

b. Para **sugerir** un plan o una actividad se puede decir:

Why don't we go to the movies?   **¿Por qué no** vamos al cine?
Why don't we invite her?   **¿Por qué no** la invitamos?

También se puede sugerir de esta forma:

What about going to a disco?   **¿Qué tal si** vamos a una discoteca?
What about some tea?   **¿Qué tal si** tomamos un poco de té?

c. Para **saber si hay algún** problema, preguntamos:

What's the matter?   ¿Qué sucede?
What's the matter with you?   ¿Qué sucede contigo?
What's wrong?   ¿Qué hay de malo?
What's wrong with him?   ¿Le pasa algo malo a él?

d. Para expresar preocupación se usa: **to be (am-is-are) worried** o **worried about:**

I'm worried   Estoy **preocupado/a**
I'm worried about Luis   Estoy **preocupado/a por** Luis
I'm worried about my job   Estoy **preocupado/a por** mi trabajo

a. The future - El futuro.

Para **hablar de planes o intenciones futuras,** puedes usar los auxiliares **be going to** y **will:**

I **am going to** arrange an outing	**Voy a** organizar una salida
I **will arrange** an outing	**Organizaré** una salida

Oraciones **afirmativas:**

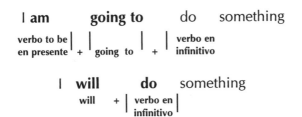

Puedes usar las contracciones con todas las personas:

I'm / She's / They're going to meet him

Yo voy a ⎞
Ella van a ⎬ reunirse con él
Ellos van a ⎠

You'll / We'll / He'll meet her

Tu/ustedes van a reunirse con ella
Nosotros vamos a reunirnos con ella
El va a reunirse con ella

Ejemplos:

I'm **going to** talk with her	Yo **voy a** hablar con ella
She's **going to** invite some friends	**Ella va** a invitar a algunos amigos/as
We'**ll** visit Canada soon	**Nosotros visitaremos** Canadá pronto
You'**ll** find a job	**Tú encontrarás** un trabajo

Oraciones **negativas:**
Se agrega **not** después del **verbo to be** o de **will. Will not** puede contraerse y formar **won't:**

They'**re not going to** get along

Ellos no se van a llevar bien

She **will not** work there ⎞
She **won't** work there ⎠

Ella **no va a** trabajar allí.

Oraciones **interrogativas**:
Para formarlas, el verbo **to be** o **will** se coloca **delante del pronombre:**

I ⨯am⨯ **going to** buy a car   They ⨯will⨯ meet this Friday

Are you **going** to buy a car ?   **Will** they **meet** this Friday?

Ejemplos:
Are they **going to** call her?	¿**Van a** llamarla?
When **are** we **going to** travel?	¿Cuándo **vamos a** viajar?

También se usa **will** cuando **decides algo en el momento en que estás hablando:**

Luis is sad. **I'll talk** with him.	Luis está triste. **Hablaré** con él.
The telephone is ringing. **I'll** answer it.	El teléfono esta sonando. Lo **contestaré.**
The restaurant is far. **I'll** call a taxi.	El restaurant está lejos. **Llamaré** un taxi.

c. Estudiemos estas frases: **both ... and, either... or** y **neither... nor.** Fíjate que se colocan generalmente delante del sustantivo, adjetivo o verbo:

Both... and (Ambos/as, tanto... como)
Indica que estoy hablando de dos cosas o personas juntas.

Both girls speak Italian	**Ambas muchachas** hablan italiano
Both Bill **and** Annie are my friends	**Tanto** Bill **como** Annie son mis amigos

Either ... or (O... o)
Indica una de dos opciones posibles. Se coloca delante del sustantivo, adjetivo o verbo.

He is **either** sad **or** lonely	Él está **o** triste **o** solo
She can **either** stay **or** leave	Ella puede **o** quedarse **o** irse

Neither ... nor (Ni...ni)
Indica que ninguna opción es posible.

She **neither** phoned **nor** wrote e-mail him	Ella **ni** telefoneó **ni** le escribió un e-mail.
Neither Luis **nor** Bill ate vegetables.	**Ni** Luis **ni** Bill comieron verduras.

d. Los verbos **be, look, seem, feel** describen **percepciones** y **sensaciones**, y se usan **seguidos de adjetivos:**

	verbo +	adjetivo	
I	**am**	**happy**	Soy **feliz / Estoy contento**
He	**looks**	**angry**	Él **se ve enojado**
They	**feel**	**sad**	Ellos **se sienten tristes**
He	**seems**	**glad**	Él **parece contento**

NIVEL 1

NIVEL 2

NIVEL 3

NIVEL 4

NIVEL 5

NIVEL 6

UNIDAD 26

EN ESTA UNIDAD APRENDEREMOS:

USEMOS EL IDIOMA
- *Reafirmar una idea*
- *Describir algo difícil*
- *Expresar acuerdo o conformidad*
- *Verbos "meet" y "know"*

ESTUDIEMOS LA GRAMÁTICA
- *El Futuro*
- *Adverbios de tiempo*
- *Adverbios "very", "pretty" y "quite"*

PRIMERA CITA

Bill trata de convencer a Luis para que conozca a alguien.

---

1 DIÁLOGOS

Bill: Hi, Luis! How are you?
Luis: I'm… tired, I guess…

Bill: °Hola Luis! ¿Cómo estás?
Luis: Estoy… cansado, supongo …

B: What **are you doing** this weekend?
L: **I'm working tomorrow morning** and then… nothing special.

B: ¿Qué **harás** este fin de semana?
L: Mañana a la mañana trabajaré y después... nada especial.

B: That's not very exciting. You
know, Annie called me and told
me about her best friend Nicole.
She loves Mexico **and** she's **trave-**
ling there this summer.

B: Eso no es muy divertido. Sabes, Annie me
llamó y me contó acerca de su mejor amiga
Nicole. Ella adora México **y viajará allí** este
verano.

L: Thanks Bill, **but**… sorry. I don't
feel like meeting anybody right
now.

L: Gracias Bill, **pero**… lo siento. No tengo ganas
de conocer a nadie ahora.

B: Come on, man! It's just meeting
someone nice. You'll like her!

B: ʿVamos, hombre! Es sólo conocer a alguien
agradable. ʿTe va a gustar!

L: **But** it was very **hard** when Margarita left me. I don't want to
suffer again.

L: **Pero** Bill, fue **difícil** cuando Margarita me dejó. No quiero sufrir otra vez.

B: I'm **really** worried about you. How can I help you?

B: **Realmente** estoy preocupado por ti. ¿Cómo puedo ayudarte?

L: I don't know… I **actually** feel **pretty** bad. I think I'll stay at home this weekend.

L: No lo sé… **Realmente** me siento **muy mal**. Creo que me quedaré en casa este fin de semana…

B: Absolutely not! You and Nicole **are meeting** next Saturday. **That's settled!**

B: °**Absolutamente no!** Tú y Nicole **se encontrarán** el **próximo** sábado °**Está resuelto!**

L: OK. I'll try to enjoy it, **but** I can't promise you anything.

L: OK. Trataré de disfrutarlo, **pero** no puedo prometerte nada.

a. Para **reafirmar una idea,** se usan las siguientes expresiones:

in fact	de hecho
really	realmente
actually	en realidad / realmente

I like basketball, **in fact,**	Me gusta el basquetbol, **de hecho**
it's my favorite sport	es mi deporte favorito
I **really** play well	**Realmente** juego bien
Are you **actually** staying here?	¿Te quedas aquí **realmente?**

b Para describir algo **difícil** puedes usar el adjetivo **hard:**

It's **hard** to live alone	Es **duro** vivir solo
It's a **hard** day	Es un día **duro / difícil**
It's a **hard** work	Es un trabajo **duro**

c. Para **expresar acuerdo o conformidad** con otra persona, podemos usar las siguientes expresiones:

That's settled!	**¡Está resuelto!**
It's a deal!	**¡Trato hecho!**
I agree with you.	**Estoy de acuerdo contigo.**

d. Los verbos **meet** (conocer/encontrarse) y **know** (saber/ conocer) se usan de la siguiente manera:

Cuando **conoces o encuentras a alguien** por primera vez debes usar **meet:**

Luis **met** Bill in Cancun   Luis **conoció** a Bill en Cancún

Cuando **ya conoces a una persona** debes usar **know:**

Bill **knows** Luis very well   Bill **conoce** muy bien a Luis

a. Fíjate en estas palabras que **unen o conectan** ideas:

and: y	**but:** pero	**or:** o

And se usa para **unir** dos palabras, frases o partes de oraciones **que están relacionadas:**

Boys **and** girls	Chicos y chicas
She likes Mexico **and** Spain	A ella le gusta México y España
He is sad **and** lonely	Él está triste y solo

But se emplea para expresar una **diferencia o contradicción:**

I bought a car **but** I don't use it.	Compré un automóvil **pero** no lo uso.
My apartment is beautiful **but** very small	Mi departamento es bonito **pero** es muy pequeño

Or conecta generalmente **diferentes opciones:**

He's staying with you **or** at home	El se quedará contigo **o** en casa
We're traveling in the morning **or** in the afternoon	Nosotros viajaremos a la mañana **o** a la tarde

b. The future - El futuro:

También se puede usar el tiempo **presente continuo** para hablar del futuro, cuando se trata de **planes que ya han sido definidos:**

My parents **are coming** next year	Mis padres **vendrán** el año próximo
We**'re having** a party on Sunday	Nosotros **tendremos** una fiesta el domingo
Are you **leaving** at 10?	**¿Te irás** a las 10?
Is he **going** out?	**¿Él va a salir?**
They **aren't coming**.	**Ellos no vendrán**
I**'m not working** this Sunday	**No trabajaré** este domingo

c. Veamos algunos **adverbios de tiempo** que se usan con el futuro:

soon: pronto	**tomorrow:** mañana
this { **afternoon:** esta tarde / **evening:** esta noche	**tomorrow** { **morning:** mañana a la mañana / **afternoon:** mañana a la tarde / **evening:** mañana a la noche
tonight: esta noche	

next week: la **próxima** semana
month: el **próximo** mes
year: el **próximo** año

Se usan generalmente **al final de la oración:**

He's arriving **soon**	Él llegará **pronto**
I'm having a party **this evening**	Tendré una fiesta **esta noche**
I'll invite her to dinner **tonight**	La invitaré a cenar **esta noche**
I'm going to travel to Brazil **tomorrow**	Viajaré a Brasil **mañana**
I'm starting in my new job **next week**	Comenzaré en mi nuevo trabajo **la semana próxima**

d. Los adverbios **very** (muy), **pretty** (muy) y **quite** (bastante) se usan delante de adjetivos para reforzar o enfatizar su significado:

Sustantivo pronombre	+ verbo +	adverbio +	adjetivo	
Japanese	is	**very**	difficult.	El japonés es **muy** difícil
This movie	is	**pretty**	funny.	Esta película es **muy** divertida
This book	is	**quite**	good.	Este libro es **bastante** bueno

Otros ejemplos:

Is the trip **very** long?	¿Es **muy** largo el viaje?
Their new apartment is **pretty** big.	Su nuevo departamento es **muy** grande
I'm not **quite** sure	No estoy **bastante** seguro

UNIDAD 27

EN ESTA UNIDAD APRENDEREMOS:

USEMOS EL IDIOMA
- *El tiempo (weather)*
- *Para saber la temperatura*
- *Las estaciones del año*

ESTUDIEMOS LA GRAMÁTICA
- *Hablar del tiempo*
- *Expresar una conclusión*
- *Pasado continuo*

EL MAL TIEMPO

PROBLEMAS DE SALUD

Lunes a la noche. Llueve mucho. Luis llega a casa del trabajo, sin impermeable y muy mojado.

---

1 DIÁLOGOS

Bill: Holy smoke! Where are you coming from? You **must be** soaked to the bones! Where's your raincoat?

Bill: °Santo cielo! ¿De dónde vienes? °**Debes de estar** empapado hasta los huesos! ¿Dónde está tu impermeable?

Luis: I'm coming from work. **It wasn't raining when I left** this morning. It was **wet** and **windy**, but **the sun was shining.** Is it always like this in **winter**?

Luis: Vengo del trabajo. **No estaba lloviendo cuando me fui** esta mañana. Estaba **húmedo** y **ventoso,** pero el sol **estaba brillando.** ¿Es siempre así en **invierno**?

B: Yes, the weather in **winter** is **cold** and **rainy** here. **I was listening** to the weather forecast **while I was making** some coffee, and it's going to **rain** the whole week! And **the temperature** will be around 45°. Very **cold!**

B: Sí, el tiempo en invierno es **frío** y **lluvioso** aquí. Yo **estaba escuchando** el pronóstico del tiempo **mientras estaba preparando** café, y °**lloverá** toda la semana! Y la temperatura será de 45° aproximadamente. °Muy **frío!**

L: 45°? That's not cold! That's very **hot!**

L: ¿45°? °Eso no es frío! °Eso es muy **caluroso!**

B: No, remember it's different here. 45° **Farenheit** is around 7° **Celsius.**

B: No, recuerda que aquí es diferente. 45° **Fahrenheit** son aproximadamente 7° **Celsius.**

L: Oh, yes, you're right! I always forget!

L: °Ah, tienes razón! °Siempre me olvido!

B: Well, you have to take an umbrella when you leave for work. In the morning it's **cold** and **sunny**, but in the afternoon it's **cloudy** and **gray**… you never know…

B: Bueno, tienes que llevar un paraguas cuando sales a trabajar. A la mañana hace **frío** y está **soleado**, pero a la tarde, está **nublado** y **gris**… nunca se sabe.

L: (sneezing) Oh, no! Now I **have a cold**!

L: (estornudando) °Ah, no! °Ahora **tengo un resfriado**!

B: Yes, you **must** be wet. Go and change your clothes. I'll prepare some hot tea.

B: Sí, **debes de** estar mojado. Ve y cámbiate la ropa. Te prepararé un té caliente.

L: Thanks Bill, you're a good friend.

L: Gracias, Bill. Eres un buen amigo.

a. The weather - El tiempo

Cuando deseas **saber el estado del tiempo,** preguntas:

What's the weather like today? ¿Cómo está el tiempo hoy?
How's the weather? ¿Cómo está el tiempo?
What was it like yesterday? ¿Cómo estuvo ayer?

Estos **sustantivos** están **relacionados con el tiempo:**

Rain	Lluvia
Sun	Sol
Wind	Viento
Cloud	Nube
Snow	Nieve

Para **contestar preguntas sobre el tiempo,** se usa el verbo **to be** y se agrega **-y** al final del sustantivo:

It's rainy	Está lluvioso
It's sunny	Está soleado
It's windy	Está ventoso
It's cloudy	Está nublado

b. Para **saber la temperatura** preguntas:

What's the temperature? ¿Cuál es la temperatura?
45° (forty-five degrees) 45° (cuarenta y cinco grados)

Recuerda que en los Estados Unidos se usa el **sistema Fahrenheit.** 32° Fahrenheit equivalen a 0° Celsius.

Observa los **adjetivos relacionados con la temperatura:**

cold frío	**hot** caluroso	**cool** fresco
warm cálido	**wet** húmedo	

It's **hot** and **sunny** Está **caluroso** y **soleado**.
It was **cold** and **wet** Estuvo **frío** y **húmedo**.

c. The seasons - Las estaciones

winter: invierno	**spring: primavera**
summer: verano	**fall: otoño**

a. Para **hablar del tiempo,** se usa como sujeto el pronombre **it + el verbo.** En español **it** no se traduce:

It's raining	Está lloviendo
It's snowing	Está nevando
It rains	Llueve
It snows	Nieva

También puedes usar el pronombre **it +** verbo **to be +** adjetivo:

It's rainy	Está **lluvioso**
It's **a** rainy day	Es un día **lluvioso**

b. Cuando se expresa una **conclusión,** se usan los auxiliares **must** o **can't** seguido de **be:**

It **must be** snowing	**Debe de** estar nevando
It **must be** windy	**Debe de** estar/ser ventoso
It **can't be** raining	**No puede** estar lloviendo
It **can't be** rainy	**No puede** estar/ser lluvioso

c. Past Continuous - El Pasado Continuo:
Este tiempo verbal se forma con el verbo **to be** en pasado (**was/were**) + otro **verbo** terminado en **-ing:**

I was   listen ing   to the weather forecast
To be **+** listen **+** ing

Yo estaba escuchando el pronóstico del tiempo

Puedes usarlo para:

 Describir lo que estaba ocurriendo en un momento determinado del pasado:

Generalmente se menciona el momento determinado:

Bill and Luis **were listening** to the weather forecast at **6:00 p.m. yesterday**
Bill y Luis **estaban escuchando** el pronóstico del tiempo **ayer a las 6:00 de la tarde**

O se menciona otra acción que también sucede en el pasado usando:
when (cuando)   +   **el pasado simple (simple past):**

past continuous   simple past
     ↓   ↓
It **wasn't** raining **when** I **left** this morning
No estaba lloviendo cuando **me fui** esta mañana

Describir dos acciones que estaban ocurriendo simultáneamente en el pasado, con while (mientras):

Bill **was studying while** Luis **was cooking**
Bill **estaba estudiando mientras** Luis **estaba cocinando**

Luis **was sleeping while** Bill **was studying**
Luis **estaba durmiendo mientras** Bill **estaba estudiando**

Veamos como se forman los diferentes tipos de oraciones:

Afirmaciones

I **was listening**	We **were listening**
You **were studying**	You **were studying**
He **was cooking**	
She **was studying**	They **were studying**
It **was raining**	

Negaciones: se forman agregando **not** entre el verbo **to be** y el **otro verbo**. Puedes usar las contracciones **wasn't** y **weren't**.

I **was not/wasn't listening**	We **were not/weren't listening**
You **were not/weren't studying**	You **were not/weren't studying**
He **was not/wasn't cooking**	
She **was not /wasn't studying**	They **were not /weren't studying**
It **was not/wasn't raining**	

Preguntas: Se forman colocando **primero el verbo** y **después el pronombre:**

Was I **listening?**	**Were** we **listening?**
Were you **studying?**	**Were** you **studying?**
Was he **cooking?**	
Was she **studying?**	**Were** they **studying?**
Was it **raining?**	

UNIDAD 28

EN ESTA UNIDAD APRENDEREMOS:

USEMOS EL IDIOMA
- *Para dar tu opinión*
- *Si tienes problemas de salud*
- *Productos OTC*
- *Partes del cuerpo*

ESTUDIEMOS LA GRAMÁTICA
- *"Should"*
- *Formas especiales de plural en los sustantivos*
- *"Have got" y "has got"*
- *Cambios de significado de "cold"*

EN LA FARMACIA

Al día siguiente Luis se siente mal y va a la farmacia. El vendedor le da algunos consejos.

---

1 DIÁLOGOS

Clerk: Good morning, sir. How can I help you?

Vendedor: Buen día, señor. ¿En qué puedo ayudarlo?

Luis: I **think** I've got a cold. I've got a **headache** and I'm **coughing**. I've got a terrible **sore throat**, too. **It hurts** a lot!

Luis: **Supongo** que tengo un resfriado. Tengo **dolor de cabeza** y **estoy tosiendo**. Tengo un terrible **dolor de garganta**, también. °**Duele** mucho!

C: Let me take your pulse... Yes,
you've got a fever.
L: Do you think I should take
some aspirin?

V: Déjeme tomarle el pulso... Sí, tiene fiebre.
L: ¿Cree que debería tomar algunas aspirinas?

C: I think you'd better see a doctor. You must have a bad cold.
You should take a painkiller
and some cough syrup until the
doctor gives you an antibiotic.

V: Creo que le conviene ver a un médico. Debe
de tener un fuerte resfriado. Debería tomar
un analgésico y un jarabe para calmar la tos
hasta que el médico le dé un antibiótico.

L: Can you give me an antibiotic
now?

L: ¿Puede darme un antibiótico ahora?

C: I'm sorry, but antibiotics are
not OTC products.

V: Lo siento, pero los antibióticos no son productos de venta libre.

L: What does OTC mean?
C: It means that you don't need a prescription.

L: ¿Qué significa venta libre?
V: Significa que no necesita una receta del médico.

L: O.K. I'll take this **painkiller** and the **cough syrup**, too. How much is it?

L: De acuerdo, llevaré este **analgésico** y el **jarabe** también. ¿Cuánto le debo?

C: $25
L: Here you are. Thank you very much for your advice.

V: US$25.
L: Aquí tiene. Muchísimas gracias por su consejo.

C: You're welcome.

V: No hay de qué.

a. Para **dar tu opinión,** puedes decir:

I **think** (pienso/creo)	I **suppose** (supongo)	I **guess** (me parece)

I **think** it's a good idea	**Pienso** que es una buena idea
I **suppose** you're right	**Supongo** que tienes razón
I **guess** she's angry	Me **parece** que está enojada

b. Cuando tienes un **problema de salud**, puedes decir:

I don't feel well	No me siento bien
I've got a fever	Tengo fiebre
I've got a headache	Tengo dolor de cabeza
I have a sore throat	Tengo dolor de garganta
I have a toothache	Tengo dolor de muelas
I have a stomachache	Tengo dolor de estómago
It hurts	Me duele

c. Los medicamentos que se compran sin receta -de venta libre- se denominan **OTC**, que quiere decir **over the counter** (en el mostrador). Puedes comprar:

painkillers / pain relievers	calmantes / analgésicos
syrup	jarabe
cold medicines	medicamentos para el resfriado
medicines for indigestion	medicamentos para la indigestión

d. Ya has aprendido las partes de la cara. Estudiemos el resto del cuerpo.

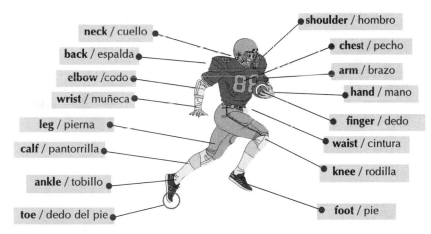

neck / cuello
back / espalda
elbow /codo
wrist / muñeca
leg / pierna
calf / pantorrilla
ankle / tobillo
toe / dedo del pie
shoulder / hombro
chest / pecho
arm / brazo
hand / mano
finger / dedo
waist / cintura
knee / rodilla
foot / pie

a. Cuando **sugieres algo** o **das un consejo,** debes usar **should / had better ('d better)** antes del verbo:

You **should** take some aspirin   Deberías tomar aspirinas
You**'d better** wear a raincoat   Sería mejor que usaras un impermeable
You**'d better** go now.   Sería mejor que te fueras ahora
She**'d better** stay in bed.   Sería mejor que ella se quedara en cama

O sus formas negativas **should not (shouldn't) / had better not ('d better not):**

You **shouldn't** go out in this rain   No deberías salir con esta lluvia
She **shouldn't** go to work   Ella no debería ir al trabajo
You**'d better not** go out   Sería mejor que no salgas
He**'d better not** play tennis   Sería mejor que él no juegue al tenis

b. Para **pedir consejos**, debes usar **should en forma interrogativa**:

What **should** I do now?   ¿Qué debería hacer ahora?
Should I stay at home?   ¿Debería quedarme en mi casa?
Should I take some aspirin?   ¿Debería tomar aspirinas?

c. Algunos **sustantivos** que se refieren a **partes del cuerpo** toman una forma especial cuando son usados en **plural:**

Singular	Plural
Tooth (diente)	Teeth (dientes)
Foot (pie)	Feet (pies)
Calf (pantorrilla)	Calves (pantorrillas)

d. En la *Unidad 2, Lección 2B* estudiamos **have / has**, que significa "tener". También puedes usar **have got / has got,** con el mismo significado. Las contracciones son **'ve got / 's got**. Veamos ejemplos:

I **'ve got**	{	a head**ache** a stomach**ache** a back**ache** a tooth**ache**	**Tengo dolor**	{	de cabeza de estómago de espalda de muelas

She 's got	{	a **sore** throat **sore** muscles	Ella tiene	{	**dolor** de garganta **dolor** muscular

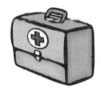

e. La palabra **cold** cambia de significado según se la use con el verbo **to have / have got** o **to be:**

I**'ve got** a cold   Tengo un resfriado
I**'m** cold   Tengo frío

UNIDAD 29

EN ESTA UNIDAD APRENDEREMOS:

USEMOS EL IDIOMA
- Conversaciones usadas con los meseros
- Términos de la carne
- Utensilios usados al comer

ESTUDIEMOS LA GRAMÁTICA
- Plurales de sustantivos
- Presente perfecto
- Participios de los verbos regulares
- Participios de los verbos irregulares

COMIENDO FUERA

Luis y Nicole están cenando en un restaurante cerca del Pier 39.

---

1 DIÁLOGOS

Luis: So, you're Annie's best friend.
Nicole: Yes, **we've been** friends **for** 6 years.

Luis: Así que eres la mejor amiga de Annie.
Nicole: Sí, **hemos sido** amigas **durante** seis años.

L: Are you from Seattle too?

L: ¿Eres de Seattle también?

N: Yes, but I**'ve lived** here **since 1996.**

N: Sí, pero **he vivido** aquí **desde** 1996.

Waiter: Good evening, I'm Jim. **How can I help you?**

Mesero: Buenas noches, soy Jim. ¿En qué puedo ayudarlos?

L: Good evening. **Could I see the menu, please?**
W: Sure. Here you are.

L: Buenas noches. ¿**Podría ver el menú, por favor?**
M: Seguro. Aquí tienen.

L: Let's see… Nicole, what would you like to eat as a starter?
N: Oh… **I'd like** the **fried shrimp.** They are delicious.
L: I'll try… the **mixed greens salad.**

L: Veamos… Nicole, ¿qué quisieras comer como entrada?
N: **Quisiera** los **camarones fritos.** Son deliciosos.
L: **Yo probaré** la **ensalada mixta de verduras.**

W: (repeating) **Fried shrimp**...
   mixed greens salad... that's fine.
   And then?
N: I think **I'll have** the **spaghetti**
   with **cream** and **mushrooms.**

M: (repitiendo) **Camarones fritos**... **ensalada de
   verduras**... bien. ¿ Y luego?
N: Creo que **comeré** los **espagueti** con **crema** y
   hongos.

L: And **I'll have** the **steak** and
   onions, and **baked potato.**
W: **How do you want the steak?**
L: **Medium,** please.

L: Y yo **comeré** el **bistec** con **cebollas** y una
   papa al horno.
M: ¿**Cómo prefiere el bistec?**
L: **Medianamente cocido,** por favor.

W: Very well. **What would you like**
   to drink?
L: What about **beer?**

M: Muy bien. ¿**Qué les gustaría** para beber?
L: ¿Qué tal **cerveza?**

N: That's fine with me.
W: Thank you very much. I'll bring
   it right away.

N: Por mí está bien.
M: Muchísimas gracias. Se la traeré de inmediato.

a. En un restaurante, **el mesero puede usar algunas de estas frases:**

How can I help you?	¿En qué puedo ayudarlo?
Are you ready to order?	¿Están listos para pedir?
Can I take your order?	¿Puedo tomar su pedido?
What can I get you?	¿Qué puedo traerle?
What would you like to drink?	¿Qué quisiera para beber?
Anything to drink?	¿Algo para beber?

b. Para responder, puedes decir:

I'll have { the fried shrimp, please / the onion rings **Pediré** { los camarones fritos, por favor / los anillos de cebolla

I'd like { the vegetarian lasagna / the steak with potatoes **Quisiera** { la lasagna vegetariana / carne asada con papas

I'll try { the mixed greens salad / the melon with ham **Probaré** { la ensalada mixta de verduras / el melón con jamón

c. Las formas de pedir la cocción de una porción de carne son las siguientes:

rare, medium - rare	jugosa/poco asada
medium, medium - well	medianamente cocida
well done	bien cocida

d. Veamos los utensilios que se usan para comer:

glass copa

bowl tazón

napkin servilleta

dish plato

knife cuchillo

fork tenedor

spoon cuchara

a. Veamos como formar los plurales de los sustantivos:

		Singular	Plural
General	se agrega una **s** en el plural	sala**d** drin**k** mushroo**m** vegetabl**e** zo**o**	salad**s** drink**s** mushroom**s** vegetable**s** zoo**s**
Excepciones Palabras terminadas en:	consonante + **y** ►**ies**	par**ty** ba**by**	par**ties** ba**bies**
	vocal + **y** ► **s**	ke**y** da**y**	key**s** day**s**
	f /fe ► **ves**	shel**f** kni**fe**	shel**ves** kni**ves**
	después de **s,ch, sh, x, z** ► **es**	di**sh** pea**ch** glas**s** ta**x**	dish**es** peach**es** glass**es** tax**es**
	consonante + **o** ►**es**	tomat**o** potat**o**	tomato**es** potato**es**

Casos en los que el sustantivo cambia:

child niño	**children** niños
man hombre	**men** hombres
woman mujer	**women** mujeres
tooth diente	**teeth** dientes
foot pie	**feet** pies
person persona	**people** personas/gente

b. Present Perfect - Presente Perfecto:

Cuando hablamos de un hecho que comenzó en el pasado pero continúa en el presente usamos este tiempo verbal:

I **have lived** here since 1993   **He vivido** aquí desde 1993

(comienza   **Pasado**   **Presente**   (la acción
la acción)   **1993**   **Ahora**   continúa)

Se forma con el auxiliar **have / has + el pasado participio** del verbo:

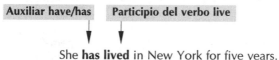

Auxiliar have/has   Participio del verbo live

She **has lived** in New York for five years.

Ella ha vivido en Nueva York por 5 años (*todavía sige en Nueva York*)

I **have worked** in tourism since 2001.

He trabajado en turismo desde el 2001.(*todavía sigo trabajando*)

She **has written** to him for years.

Ella le ha escrito a él durante años.(*todavía sigue escribiéndole*)

Las preposiciones **since** y **for** acompañan frecuentemente a este tiempo verbal:

For indica la duración de la acción:

They have worked at the hotel **for** 4 months   /   2 years / a long time

Han trabajado en el hotel **durante** 4 meses   /   2 años / un largo tiempo

Since indica el momento en que comenzó la acción:

We have rented this apartment **since** 1998 /   September /   last year

Hemos alquilado este departamento **desde** 1998 / Septiembre / el año pasado

d. Agregaremos al cuadro que estudiamos en la *U6, Lesson 6B* los participios de los verbos. Observarás que en el caso de los verbos regulares, el participio se escribe igual que el pasado:

Presente	Pasado	Participio
answer	answered	answered(respondido)
ask	asked	asked (preguntado)
cook	cooked	cooked (cocinado)
enjoy	enjoyed	enjoyed (disfrutado)
help	helped	helped (ayudado)
invite	invited	invited (invitado)
like	liked	liked (gustado)
live	lived	lived (vivido)
look	looked	looked (mirado)
love	loved	loved (amado)
open	opened	opened (abierto)
prefer	preferred	preferred (preferido)
play	played	played (jugado)
rent	rented	rented (alquilado)
recommend	recommended	recommended (recomendado)
start	started	started (comenzado)
study	studied	studied (estudiado)
suggest	suggested	suggested (sugerido)
travel	traveled	traveled (viajado)
want	wanted	wanted (querido)
watch	watched	watched (mirado)
work	worked	worked (trabajado)

Ahora observa el participio de algunos verbos irregulares:

Presente	Pasado	Participio
am-is-are	was-were	been (sido-estado)
come	came	come (venido)
do	did	done (hecho)
drink	drank	drunk (bebido)
eat	ate	eaten (comido)
feel	felt	felt (sentido)
go	went	gone (ido)
have	had	had (tenido)
know	knew	known (conocido)
meet	met	met (conocido)
put	put	put (puesto)
see	saw	seen (visto)
send	sent	sent (enviado)
sleep	slept	slept (dormido)
speak	spoke	spoken (hablado)
spend	spent	spent (gastado)
take	took	taken (tomado)
teach	taught	taught (enseñado)
tell	told	told (contado)
write	wrote	written (escrito)

UNIDAD 30

EN ESTA UNIDAD APRENDEREMOS:

USEMOS EL IDIOMA
- *Una carta o menu de restaurante*
- *Pedir la cuenta*

ESTUDIEMOS LA GRAMÁTICA
- *Presente Perfecto*
- *Presente Perfecto vs. Pasado Simple*

CENA ROMÁNTICA

Luis y Nicole están cenando y conociéndose.

---

1 DIÁLOGOS

Nicole: Tell me, how **did you meet** Bill?
Luis: That **was** when he **traveled** to Mexico in 1998.

Nicole: Dime ¿cómo **conociste** a Bill?
Luis: Eso **fue** cuando él **viajó** a México en 1998.

N: Oh, so you**'ve been** friends for a long time too.
L: Yes, and **we've been** roomates for seven months.

N: Ah, entonces **han sido** amigos durante un largo tiempo también.
L: Sí, y **hemos sido compañeros de cuarto** durante siete meses.

N: And do you like living in the States?

N: ¿Y te gusta vivir en los Estados Unidos?

L: Well, I've had some hard times since I arrived here. But now I have a job, and things are getting better. By the way, have you ever been to Mexico?

L: He pasado algunos momentos difíciles desde que llegué aquí. Pero ahora tengo un trabajo y las cosas están mejorando. A propósito, ¡has estado alguna vez en México?

N: No, I haven't. I'm traveling there.

N: No, no he estado. Viajaré allá.

L: Well, that's great. I can show you some pictures of beautiful places to visit!

L: °Bueno, eso es fantástico! Puedo mostrarte algunas fotografías de lugares hermosos que puedes visitar.

N: That would be great!

N: °Me encantaría!

L: Would you like to go for a walk? It's a wonderful evening!

L: ¿Te gustaría ir a caminar? °Es una noche hermosa!

N: Yes, I'd love to. Let's go.

N: Si, me encantaría. °Vamos!

L: (to the waiter) **Could I have the check**, please?

L: (al mozo) ¿**Podría traerme la cuenta**, por favor?

a. Una típica carta de menú consta de tres partes:

Starters (Entradas)

Onion rings (anillos de cebolla)

Fried shrimp (camarones fritos)

Soup of the day (sopa del día)

Main Course (Plato principal)

Seafood pasta (pasta c/frutos mar)

Steak (filete/bistec)

Fried chicken (pollo frito)

Barbecue ribs (costillitas)

Side Dishes (Guarniciones)

Vegetables (verduras)

Sweet corn (maíz dulce)

Baked potato (papa asada)

French fries (papas fritas)

Desserts (Postres)

Pecan pie (tarta de nueces)

Strawberry cheesecake (torta de queso c/fresas)

Ice cream (helado)

b. Al terminar de comer puedes pedir la cuenta de esta forma:

Could I have the check, please?	¿Podría traerme la cuenta, por favor?
The check, please	La cuenta, por favor

a. Para formar oraciones negativas con el presente perfecto, se agrega **not** después de **have/has:**

I **have not (haven't) seen** my sister for five months	**No he visto** a mi hermana durante cinco meses
She **has not (hasn't) written** a letter since he left	Ella **no ha escrito** una carta desde que él se fue
We **have not (haven't) worked** in the garden for the summer	Nosotros **no hemos trabajado** en el jardín durante el verano

b. Para formar las **preguntas, have** o **has** se colocan al **principio de la oración:**

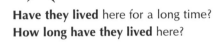

They **have lived** here for a long time

Have they lived here for a long time?
How long have they lived here?

Have you **studied** English for a long time?
Has he **worked** for the High Hills Hotel since last year?

En las preguntas, se puede usar el adverbio **ever**, que significa **alguna vez:**

Have you **ever been** to Mexico?	¿**Has estado alguna vez** en México?
Has she **ever tried** Japanese food?	¿**Ha ella probado** alguna vez la comida japonesa?

c. Para contestar con **respuestas cortas** a preguntas por sí o por no, **se usa sólo** el auxiliar **have** o **has:**

Have you ever been to Mexico?	Yes I **have** / No, I **haven't**
Have they studied English for a long time?	Yes, they **have** / No, they **haven't**
Have they lived here for a long time?	Yes, she **has** / No, she **hasn't**

d. Comparemos el **Present Perfect** con el **Simple Past:**

El **presente perfecto** siempre se refiere a algo que **comenzó en el pasado y continúa en el presente**; el **pasado simple**, en cambio, se usa para acciones que han **comenzado y terminado en el pasado.**
Por ejemplo:

> verbo en simple past

↓
Annie **worked** in Seattle for 2 years
Annie trabajó en Seattle durante 2 años
(Annie ya no trabaja más en Seattle)

En cambio:

> verbo en present perfect

↓
Annie **has worked** in Seattle for two years
Annie ha trabajado en Seattle durante 2 años
(Annie todavía trabaja en Seattle)

Bill has studied Marketing since he moved to San Francisco
Bill ha estudiado Marketing desde que se mudó a San Francisco

He studied Marketing in Los Angeles before he moved to San Francisco
El estudió Marketing en Los Ángeles antes de mudarse a San Francisco

DICCIONARIO ESENCIAL

¿Por qué un Diccionario de 1,000 Palabras y Frases Esenciales?

En las treinta unidades de este libro completaste los seis niveles de nuestro curso. Al completar los seis niveles, sin darte casi cuenta has aprendido las 1,000 Palabras y Frases Esenciales del Inglés Americano.

En las siguientes páginas te ofrecemos el Diccionario que reúne esas 1,000 Palabras y Frases que has aprendido en el curso. El motivo de este Diccionario es que puedas tener en pocas páginas todas las palabras y frases aprendidas en el curso Inglés en 100 Dias.

La consolidación de las Palabras y Frases aprendidas en este curso de inglés

También te servirá como "termómetro" de tu nivel de asimilación de las palabras y frases que te enseñamos. Fíjate bien en todas las palabras y frases para ver si las reconoces e interpretas correctamente. Si es así, perfecto. Si no, mira de fijarte con atención cuál es el significado y busca en las treinta unidades ejemplos de cómo y cuándo se usan.

Estructura de este Diccionario Esencial

Este Diccionario Esencial está estructurado en dos grandes grupos. El primero te reunirá las palabras y frases más usadas en distintas situaciones y momentos. Te será fácil ubicarlas en las treinta unidades del curso porque suelen coincidir con dichas unidades.

El segundo grupo te mostrará los verbos, sustantivos, adjetivos, etc. que más se usan en el inglés americano. No corresponden a determinadas unidades del curso, sino que las has ido aprendiendo poco a poco a lo largo del mismo y aparecen en diversas unidades.

INDICE

AIRPORT: (é:rpo:rt) AEROPUERTO

Address: (ǽdres) dirección

Arrival: (eráivel) llegada

Arrive: (eráiv) llegar

Bag: (bæg) bolso

City: (síri) ciudad

Control: (kentróul) control

Country: (kántri) país

Customs: (kástems) aduana

Destination: (destinéishen) destino

Declare: (diklé:r) declarar

Fill in a form: (fil in e fo:rm) completar una forma

Flight: (fláit) vuelo

Immigration form: (imigréishen fo:rm) forma de inmigraciones

Immigration officer: (immigréishen á:fise:r) empleado de la aduana

Passport: (pǽspo:rt) pasaporte

Plane: (pléin) avión

Requirement: (rikuáirment) requisito

State: (stéit) estado

Stay: (stéi) estadía

Suitcase: (sú:tkeis) maleta

Travel: (trǽvel) viajar

Trip: (trip) viaje

Welcome: (wélcam) bienvenido

GREETINGS: (gri:tings) SALUDOS

Good afternoon: (gud ǽfte:rnu:n) buenas tardes

Goodbye: (gud bái) adiós

Good evening: (gud í:vning) buenas tardes

Good morning: (gud mó:rning) buenos días

Good night: (gud náit) buenas noches

Hello: (jelóu) hola

Hello there: (jelóu de:r) hola

Hi! (jái) ¡hola!

How are things? (jáu a:r zings) ¿cómo van las cosas?

How are you? (jáu a:r yu:) ¿cómo está Ud? ¿cómo estas tú?

How are you doing? (jáu a:r yu: dú:ing) ¿cómo está Ud? ¿cómo estas tú?

How do you do? (jáu du: yu: du:) ¿cómo está Ud? ¿cómo estas tú?

How is it going? (jáu iz it góuing) ¿cómo va todo?

I'm fine: (áim fáin) estoy bien

I'm OK, and you? (áim ou kéi, end yu: ?) estoy bien, y tú/Ud?

I'm very well: (áim véri wel) estoy muy bien

This is: (dis iz) Este/a es ... (presentaciones)

Nice to meet you: (náis te mi:t yu:) encantado de conocerte/lo/la

Nice to meet you too: (náis te mi:t yu: tu:) encantado de conocerte/lo/la también

Pleased to meet you: (pli:zd te mi:t yu:) encantado de conocerte/lo/la

See you later: (si: yu: léire:r) te veo más tarde

Bye: (bái) adiós

COUNTRIES AND NATIONALITIES: (kántriz ænd næshenæli-
ti:z) PAÍSES Y NACIONALIDADES

American: (emériken) norteamericano/a
Brazil: (brezíl) Brasil
Brazilian: (brezílyen) brasileño/a
Canada: (kenede) Canadá
Canadian: (kenéidyen) canadiense
Colombia: (kela:mbie) Colombia
Colombian (kela:mbien) colombiano/a
China: (cháine) China
Chinese: (chaini:z) chino/a
England: (ínglend) Inglaterra
English: (ínglish) inglés/a
Germany: (**shé:**rmeni) Alemania
German: (**shé:**rmen) alemán/a
Italy: (íteli) Italia
Italian: (itælyen) italiano/a
Japan: (**she**pæn) Japón
Japanese: (**sh**æpeni:z) japonés/a
Mexico: (méksikou) México
Mexican: (méksiken) mexicano/a
Puerto Rico: (pue:rou rí:kou) Puerto Rico
Puerto Rican: (pue:ro rí:ken) puertorriqueño/a
Spain: (spéin) España
Spanish: (spænish) español/a
United States of America: (yu:náirid stéits ev emérike)
Estados Unidos de América
Venezuela: (venezuéile) Venezuela
Venezuelan: (venezuéilen) venezolano/a

THE FAMILY: (de fæmili) LA FAMILIA

Aunt: (a:nt) tía

Brother: (bráde:r) hermano

Cousin: (kázen) primo/a

Daughter: (dó:re:r) hija

Father: (fá:de:r) padre

Grandfather: (grændfá:de:r) abuelo

Grandmother: (grændmáde:r) abuela

Grandparents: (grændpérents) abuelos

Husband: (jázbend) esposo

Mother: (máde:r) madre

Nephew: (néfyu:) sobrino

Niece: (ni:s) sobrina

Parents: (pærents) padres (padre y madre)

Sister: (síste:r) hermana

Son: (sa:n) hijo

Uncle: (ánkel) tío

Wife: (wáif) esposa

SPORTS AND FREE TIME: (spo.rts end frí: táim) DEPORTES Y TIEMPO LIBRE

Basketball: (bǽsketbo:l) basquetbol

Bicycle: (báisikel) bicicleta

Exercise: (ékse:rsaiz) hacer ejercicio

Football: (fú:tbo:l) fútbol americano

Go cycling: (góu sáikling) andar en bicicleta

Go jogging: (góu sha:ging) ir a correr

Go to the movies: (góu te de mú:vi:z) ir al cine

Go walking: (góu wo:king) ir a caminar

Gym: (shim) gimnasio

Marathon: (mǽreza:n) maratón

Play: (pléi) jugar

Relax: (rilǽks) descansar

Ride: (ráid) andar en bicicleta o a caballo

Surf the internet: (se:rf de íne:rnet) navegar por internet

Swim: (swim) nadar

Swimming: (swíming) natación

Swimming pool: (swíming pu:l) piscina

Tennis: (ténis) tenis

Walk: (wo:k) caminar

Yoga: (yóuge) yoga

JOBS: (sha:bs) TRABAJOS

Accountant: (ekáuntent) contador/a
Adertising company: (edve:rtáizing ká:mpeni) empresa de publicidad
Advertising agency: (edve:rtáizing éishensi) agencia de publicidad
Agency: (éishensi) agencia
Architect: (á:rkitekt) arquitecto/a
Artist: (á:rtist) artista
Bell captain: (bel kǽpten) jefe de porteros en un hotel
Car dealer: (ka:r dí:le:r) vendedor de autos
Chef: (shef) chef
Clerk: (kle:rk) empleado
Company: (kámpeni) empresa
Cook: (kuk) cocinero/a
Doctor: (dá:kte:r) doctor/a
Door person: (do:r pé:rson) encargado de un edificio u hotel
Front desk clerk: (fra:nt desk kle:rk) recepcionista
Gardener: (gá:rdene:r) jardinero/a
Graphic designer: (grǽfik dizáine:r) diseñador/a gráfico/a
Job: (sha:b) trabajo
Lawyer: (lo:ye:r) abogado/a
Nurse: (ne:rs)enfermero/a
Offer: (á:fe:r) oferta
Office: (á:fis) oficina
Player: (pléier) jugador/a
Receptionist: (risépshenist) recepcionista
Salesclerk / Salesperson: (séilskle:rk – séilspe:rson)
vendedor/a en una tienda
Secretary: (sékreteri) secretaria
Security guard: (sekyú:riti ga:rd) guardia de seguridad
Taxi driver: (tǽksi dráive:r) conductor/a de taxi
Teacher: (tí:che:r) maestro/a
Technician: (tekníshen) técnico/a
Tourist guide: (tu:rist gáid) guía de turismo
Travel agency: (trǽvel éishensi) agencia de viajes
Waiter: (wéirer) mesero
Waitress: (wéitres) mesera

PHONE CONVERSATIONS: (fóun ka:nve:rséishens) CONVERSACIONES TELEFÓNICAS

As in: (æs in) como en (para dar referencia cuando se deletrea)

Call: (ko:l) llamar

Dial: (dáiel) discar

Directory: (dairékteri) guía telefónica

Directory Assistance: (dairékteri esístens) información

Extension: (iksténshen) número interno

Hold on, please: (jóuld a:n pli:z) no corte, por favor

I'd like to speak to... : (áid láik te spi:k te...) Quisiera hablar con...

I'll put you through: (áil put yu: zru:) lo comunicaré

I'll transfer your call: (áil trænsfe:r yo:r ko:l) transferiré su llamada

I'm calling about... : (áim kó:ling ebáut) llamo por...

Just a minute: (shást e mínit) espere un minuto

Just a moment: (shást e móument) espere un momento

Leave a message: (li:v e mésish) dejar un mensaje

Let me see... : (let mi: si:) déjeme ver...

Phone: (fóun) teléfono/ llamar por teléfono

Phone number: (fóun námbe:r) número de teléfono

Ring: (ring) sonar

Speak: (spi:k) hablar

Speaking: (spi:king) Habla él/ella

Take a message: (téik e mésish) tomar un mensaje

Talk: (to:k) hablar

This is...: (dis iz...) soy/ habla...

Who's calling? (ju:z ko:ling) ¿quién llama?

PARTS OF THE DAY: (pa:rts ev de **déi**) PARTES DEL DÍA

Morning: (mo:rning) mañana
Afternoon: (æfte:rnu:n) tarde
Evening: (í:vning) noche
Night: (náit) noche

DAYS OF THE WEEK: (déiz ev de wi:k)

DÍAS DE LA SEMANA

Monday: (mándei) lunes

Tuesday: (tyu:zdei) martes

Wednesday: (wénzdei) miércoles

Thursday: (zé:rzdei) jueves

Friday: (fráidei) viernes

Saturday: (sǽre:rdei) sábado

Sunday: (sándei) domingo

MONTHS OF THE YEAR: (máns ev de yir)
MESES DEL AÑO

January: (shænyu:eri) enero
February: (fébryu:eri) febrero
March: (ma.rch) marzo
April: (éipril) abril
May: (méi) mayo
June: (shu:n) junio
July: (shelái) julio
August: (o:gest) agosto
September: (septémbe:r) septiembre
October: (a:któube:r) octubre
November: (nouvémber) noviembre
December: (disémbe:r) diciembre

THE TIME: (de táim) LA HORA

A.M.: (ei em) antes de las 12 del mediodia

A quarter after... : (e kuó:re:r áefte:r) ...y cuarto

A quarter to... : (e kuó:re:r tu:) ...menos cuarto

Half past... : (ja:f pæst) ...y media

It's... : (its) es la/son las...

O'clock: (e kla:k) en punto

P.M.: (pi: em) después de las 12 del mediodía

What time is it? (wa:t táim iz it) ¿qué hora es?

MEANS OF TRANSPORT: (mi:ns ev trǽnspo:rt) **MEDIOS DE TRANSPORTE**

Bicycle: (báisikel) bicicleta
Bus: (bas) autobús
Cab: (kæb) taxi
Car: (ka:r) automóvil
Plane: (pléin) avión
Taxi: (tǽksi) taxi
Train: (tréin) tren

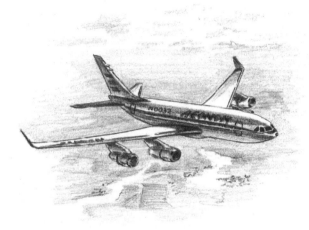

STORES: (sto:rs) **TIENDAS**

Bakery: (béikeri) panadería
Drugstore: (drágsto:r) farmacia
Dry cleaner's: (drái klí:ne:rs) tintorería
Market: (má:rkit) mercado

JOB INTERVIEW: (sha:b ínne:rviu:) ENTREVISTA LABORAL

Apply for a job: (eplái fo:r e sha:b) solicitar un trabajo
Duty: (dyú:ti) tarea
Experience: (ikspíriens) experiencia
Last name: (læst néim) apellido
Name: (néim) nombre
Part time job: (pa:rt táim sha:b) trabajo de medio tiempo
Résumé: (résyu:mei) currículum vitae
Skill: (skil) habilidad
Work: (we:rk) trabajar / trabajo

MEANS OF ADDRESS: (mínz ev ædres)
FORMAS DE DIRIGIRSE A UNA PERSONA:

Madam: (mǽdem) señora
Ma'am: (ma:m) abreviatura de madam
Miss: (mis) señorita
Ms.: (mez) Sra. / Srta.
Mr.: (miste:r) Sr.
Mrs.: (misiz) Sra.
Sir: (se:r) señor

THE SUPERMARKET: (de syu:pe:rmá:rket)
EL SUPERMERCADO

Apple: (ǽpel) manzana
Avocado: (æveká:dou) ahuacate / palta
Bag: (bæg) bolsa
Banana: (benǽne) plátano
Beef: (bi:f) carne vacuna
Bottle: (ba:rl) botella
Box: (ba:ks) caja
Bread: (bred) pan
Bunch: (bánch) racimo
Butter: (báre:r) manteca
Can: (kæn) lata
Carrot: (kæret) zanahoria
Carton: (a ka:rten) cartón
Cereal: (síriel) cereal
Cheese: (chi:z) queso
Chicken: (chíken) pollo
Corn: (ko:rn) maíz
Counter: (káunte:r) mostrador
Cream: (kri:m) crema
Cucumber: (kyú:kambe:r) pepino

Cup: (káp) taza

Dozen: (dázen) docena

Egg: (eg) huevo

Fish: (fish) pescado

Flour: (flaue:r) harina

Food: (fu:d) alimentos

Fruit: (fru:t) fruta

Grape: (gréip) uva

Ham: (jæm) jamón

Head: (jed) planta (de una verdura)

Jam: (shæm) mermelada

Jar: (sha:r) frasco

Lamb: (læmb) cordero

Lemon: (lémen) limón

Lettuce: (léres) lechuga

Loaf: (lóuf) pieza

Mango: (mængou) mango

Meat: (mi:t) carne

Melon: (mélen) melón

Mushroom: (máshru:m) hongo

Onion: (a:nyon) cebolla

Orange: (o:rinsh) naranja

Package: (pækish) paquete

Pea: (pi:) arveja

Pear: (pér) pera

Pepper: (pépe:r) pimienta

Pepper: (péper) pimiento / chile

Piece: (e pi:s ov) porción

Pineapple: (páinæpl) piña

Pork: (po:rk) cerdo

Potato: (potéirou) papa

Rice: (ráis) arroz

Salt: (so:lt) sal

Shampoo: (shæmpú:) shampoo

Shaving lotion: (shéiving lóushen) loción de afeitar

Shelf: (shélf) estante

Shopping list: (sha:ping list) lista de compras

Soap: (sóup) jabón

Strawberries: (stró:be:ri) fresas

Sugar: (shu:ge:r) azúcar

Toiletries: (tóiletri:z) artículos de tocador

Tomato: (teméirou) tomate

Toothpaste: (tu:z péist) pasta dental

Tube: (tyu:b) tubo

Vegetables: (véshetebels) verduras

Yogurt: (yo:ge:rt) yogur

The hotel: (de joutél) EL HOTEL

Baggage: (bǽgish) equipaje

Bar: (ba:r) bar

Check in: (chek in) registrarse en un hotel

Check out: (chék áut) retirarse de un hotel

Coffeeshop: (ká:fi sha:p) cafetería

Conference room: (ká:nfe:rens ru:m) salón de conferencias

Corridor: (kó:ride:r) pasillo

Elevator: (éleveire:r) ascensores

Escalator: (éskeleire:r) escalera mecánica

Giftshop: (gift sha:p) tienda de regalos

Guest: (gést) huésped

Hall: (jo:l) salón

Hotel administration: (joutél edministréishen) administración del hotel

Lobby: (la:bi) lobby

Registration card: (reshistréishen ka:rd) tarjeta para registrarse en el hotel

Reservation: (reze:rvéishen) reserva

Single room: (síngel ru:m) habitación simple

WORK TOOLS: (we:rk tu:lz) **HERRAMIENTAS DE TRABAJO**

Clip: (klip) clip
Computer: (ka:mpyú:re:r) computadora
Copy paper: (ka:pi péipe:r) papel para copias
Desk: (desk) escritorio
Envelope: (énveloup) sobre
Eraser: (Iréizo:r) goma de borrar
Fax machine: (fæks meshí:n) fax
Paper: (péiper) papel
Pen: (pen) bolígrafo
Pencil: (pénsil) lápiz
Photocopier: (fóutouka:pie:r) fotocopiadora
Printer: (príne:r) impresora
Scale: (skéil) balanza
Scanner: (skæne:r) escáner
Stapler: (stéipler) engrapadora
Stationery: (stéishene:ri) artículos de oficina

HOLIDAYS AND SPECIAL DAYS: (há:li**d**eiz end sp**é**shel **d**éiz)
FERIADOS Y DÍAS ESPECIALES

Christmas: (krísmes) Navidad
Halloween: (jǽlewi:n) Noche de brujas
Independence Day: (indep**é**ndens **d**éi) Día de la Independencia
New Year: (nu: yir) Año Nuevo
Valentine's Day: (vǽlentainz **d**éi) Día de los enamorados

MONEY: (máni) EL DINERO

Bill: (bil) billete
Coin: (kóin) moneda
Dime: (dáim) diez centavos de dólar
Dollar: (dá:le:r) dólar
Nickel: (níkel) cinco centavos de dólar
Penny: (péni) un centavo de dólar
Quarter: (kuó:rer) veinticinco centavos de dólar
Spend: (spénd) gastar dinero
Waste: (wéist) malgastar dinero

THE CAR: (de ka:r) EL AUTOMÓVIL

Accelerator: (akséle:reire:r) acelerador

Battery: (bǽte:ri) batería

Hood: (jud) capot

Brake: (bréik) freno

Clutch: (klách) embrague

Engine: (énshin) motor

Fender: (fénde:r) paragolpes

Gear box: (gie:r ba:ks) caja de cambios

Headlight: (jédlait) luz

Make: (méik) marca

Mirror: (míre:r) espejo

Model: (ma:del) modelo

Parking brake: (pá:rking bréik) freno de manos

Radiator: (réidieire:r) radiador

Steering wheel: (stiring wi:l) volante

Tire: (táie:r) goma

Trunk: (tránk) maletero

Wheel: (wi:l) rueda

Windshield: (wíndíld) parabrisas

TRAFFIC: (tráefik) EL TRÁNSITO

Bus stop: (has sta:p) parada de autobús
Crosswalk: (krá:swo:k) cruce peatonal
Driver's license: (dráive:rz láisens) licencia de conductor
Driver test: (dráiver test) examen para conducir
Eye exam: (ái eksæm) examen de la vista
Freeway: (frí:wei) autopista
Gas station: (gæs stéishen) gasolinera
Gasoline: (gǽselin) gasolina
Handbook: (hǽndbuk) manual
Highway: (jáiwei) autopista
Intersection: (íne:rsekshen) cruce de calles
Lane: (léin) carril de una autopista
Left: (left) izquierda
Limit: (límit) límite
Parking lot: (pá:rking lot) parqueo
Pedestrian: (pedéstrien) peatón
Right: (ráit) derecha
Speed: (spi:d) velocidad
Toll: (tóul) peaje
Traffic light: (tráefik láit) semáforo
Traffic sign: (tráefik sáin) señal de tránsito
Turn: (te:rn) doblar/giro
Turnpike: (té:rnpaik) autopista con peaje
Two way: (tu: wéi) doble sentido
U-turn: (yu: te:rn) girar en U
Yield: (yi:ld) ceder el paso

CLOTHES: (klóudz) **LA ROPA**

A pair of... : (e pe:r ev) un par de...
Bag: (bæg) bolsa
Blouse: (bláus) blusa
Boots: (bu:ts) botas
Coat: (kóut) abrigo
Dress: (dres) vestido
Dressing room: (drésing ru:m) probador
Fit: (fit) quedar bien (una prenda)
Glasses: (glǽsiz) anteojos
Gloves: (gla:vz) guantes
Hat: (jæt) sombrero
Jacket: (shǽkit) chaqueta
Jeans: (shi:ns) pantalones de jean
Large: (la:rsh) grande
Match: (mæch) combinar
Medium: (mí:diu:m) mediano
On sale: (a:n séil) en oferta
Pants: (pænts) pantalones largos
Raincoat: (réinkout) impermeable
Scarf: (ska:rf) bufanda
Shirt: (she:rt) camisa
Shoes: (shu:z) zapatos
Shorts: (sho:rts) pantalones cortos
Size: (sáiz) talla
Skirt: (ske:rt) falda
Small: (smo:l) pequeño
Socks: (sa:ks) calcetines
Suit: (su:t) traje
Suit: (su:t) quedar bien (una prenda)
Sweater: (sué:re:r) suéter
T–shirt: (ti: she:rt) camiseta
Tennis shoes: (ténis shu:z) zapatos tenis
Tie: (tái) corbata
Umbrella: (ambréle) paraguas

Colors: (ká:le:rs) Los colores

Black: (blæk) negro

Blue: (blu:) azul

Brown: (bráun) marrón

Gray: (gréi) gris

Green: (gri:n) verde

Lavender: (lǽvende:r) lavanda

Light blue: (láit blu:) celeste

Navy blue: (néivi blu:) azul marino

Orange: (a:rinsh) anaranjado

Pink: (pink) rosa

Red: (red) rojo

White: (wáit) blanco

Yellow: (yélou) amarillo

POST OFFICE: (póust á:fis) OFICINA DE CORREOS

Deliver: (dilíve:r) enviar

Delivery: (dilíve:ri) envio a domicilio

Global airmail: (glóubel é:rmeil) via aérea

Global economy: (glóubel iká:nemi) correo económico

Global express guaranteed: (glóubel iksprés gǽrenti:d) correo expreso certificado

Global express mail: (glóubal iksprés méil) correo expreso

Letter: (lére:r) carta

Mail: (méil) correo / enviar por correo

Package: (pǽkish) paquete

Postcard: (póustka:rd) tarjeta postal

Send: (sénd) enviar

Surface mail: (surféis méil) correo terrestre

Wire: (wáir) girar dinero

MEASUREMENTS: (méshe:rments) **LAS MEDIDAS**

Centimeter: (séntimire:r) centímetro
Foot: (fu:t) pie
Gallon: (gǽlen) galón
Gram: (græm) gramo
Inch: (inch) pulgada
Kilogram: (kílegræm) kilogramo
Kilometer: (kílá:mi:re:r) kilómetro
Mile: (máil) milla
Millimeter: (mílimire:r) milímetro
Ounce: (áuns) onza
Pound: (páund) libra
Yard: (ya:rd) yarda

THE BANK: (de bænk) EL BANCO

Account: (ekáunt) cuenta
ATM: (o:temǽtik téler meshí:n) cajero automático
Bank statement: (bænk stéitment) resumen bancario
Banking system: (bǽnking sístem) sistema bancario
Bill: (bi:l) cuenta (de electricidad, teléfono, etc.)
Borrow: (bá:rau) pedir prestado
Cash: (kæsh) dinero en efectivo
Check: (chek) cheque
Checkbook: (chékbu:k) chequera
Cheking account: (cheking ekáunt) cuenta corriente
Credit card: (krédit ka:rd) tarjeta de crédito
Debit card: (débit ka:rd) tarjeta de débito
Deposit: (dipá:zit) depósito
Free of charge: (fri: ev cha:rsh) sin cargo
I.D. card / Identification card: (ái di: ka:rd) documento de identidad
Interest rate: (íntrest réit) tasa de interés
Lend: (lénd) prestar
Monthly payments: (mánzli péiment) pagos mensuales
Mortgage: (mó:rgish) hipoteca
Overdraft: (óuverdra:ft) sobregiro
Personal loan: (pérsonel lóun) préstamo personal
Save: (séiv) ahorrar
Savings account: (séivingz ekáunt) cuenta de ahorros
Transactions: (trænsǽkshen) transacciones
Transfer: (trænsfe:r) tranferir dinero
Withdraw: (widdrá:) retirar dinero

Palabras usadas al hablar de departamentos y muebles

APARTMENT AND FURNITURE: (apa:rtment end fe:rniche:r)
EL DEPARTAMENTO Y LOS MUEBLES

Bathroom: (bá:zru:m) cuarto de baño
Bathtub: (bá:ztab) bañera
Bed: (bed) cama
Bedroom: (bédru:m) dormitorio
Carpet: (ká:rpet) alfombra
Ceiling: (sí:ling) techo
Chair: (cher) silla
Coffee table: (ká:fi téibel) mesa de centro
Couch: (káuch) sofá
Dinning room: (dáining ru:m) comedor
Door: (do:r) puerta
Floor: (flo:r) piso
Furniture: (fé:rniche.r) muebles
Kitchen: (kíchen) cocina
Lamp: (læmp) lámpara
Living room: (líving ru:m) sala de estar
Radio: (réidio) radio
Room: (ru:m) habitación
Rug: (rág) alfombra pequeña
Table: (téibel) mesa
Television: (télevishen) televisor
Wall: (wo:l) pared
Window: (wíndou) ventana

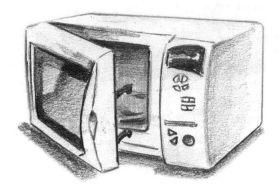

HOME APPLIANCES: (jóum apláiensi:z) **ARTEFACTOS PARA EL HOGAR**

Microwave oven: (máikreweiv áven) horno a microondas

Oven: (áven) horno

Refrigerator: (rifríshe:reire:r) refrigerador

Stove: (stóuv) cocina

Vacuum cleaner: (vækyú:m klí:ne:r) aspiradora

Washing machine: (wá:shing meshín) lavarropas

THE WEATHER: (de wéde:r) EL CLIMA

Cloud: (kláud) nube
Cloudy: (kláudi) nublado
Cold: (kóuld) frío
Cool: (ku:l) fresco
Degrees Celsius: (digrí:z sélsies) grados centígrados
Degrees Fahrenheit: (digrí:z fǽrenjáit) grados Fahrenheit
Hot: (ja:t) caliente, caluroso
Rain: (réin) lluvia
Rainy: (réini) lluvioso
Snow: (snóu) nieve
Snowy: (snóui) nevoso
Sun: (sán) sol
Sunny: (sáni) soleado
Temperature: (témpriche:r) temperatura
Warm: (wa:rm) cálido
Weather forecast: (wéde:r fó:rkæst) pronóstico del tiempo
Wet: (wét) húmedo
What's the weather like? (wa:ts de wéde:r láik) ¿Cómo está el tiempo?
Wind: (wind) viento
Windy: (wíndi) ventoso

THE SEASONS: (de sí:zenz) **LAS ESTACIONES**

Fall: (fo:l) otoño
Spring: (spring) primavera
Summer: (sáme:r) verano
Winter: (wínte:r) invierno

THE DRUGSTORE: (de drágsto:r) **LA FARMACIA**

Antibiotic: (æntibaiá:rik) antibiótico

Aspirin: (æspirin) aspirina

OTC (over the counter): (óu ti: si: / óuve:r de káunte:r) medicamentos de venta libre

Painkiller: (péinkile:r) calmante

Prescription: (preskrípshen) receta médica

Cough syrup: (ka:f sírep) jarabe

Health problems: (jélz pra:blemz)

PROBLEMAS DE SALUD

Backache: (bǽkeik) dolor de espalda

Cold (kóuld) resfriado

Cough: (ka:f) toser / tos

Fever: (fì:ve:r) fiebre

Headache: (jédeik) dolor de cabeza

Hurt: (he:rt) doler

Indigestion: (indishéschen) indigestión

Pulse: (pa:ls) pulso

Sick: (sik) enfermo

Sneeze: (sni:z) estornudar

Sore throat: (so:r zróut) dolor de garganta

Sore: (so:r) dolorida/o, irritada/o

Stomachache: (stá:mekeik) dolor de estómago

Toothache: (tuz éik) dolor de muelas

Palabras usadas al hablar de las partes del cuerpo

Parts of the Body: (Pa:rts ev de bá:di)

Partes del cuerpo

Ankle: (ǽnkel) tobillo

Arm: (a:rm) brazo

Calf: (ka:f) pantorrilla

Cheek: (chi:k) mejilla

Chest: (chest) pecho

Chin: (chin) mentón

Ear: (yir) oreja

Elbow: (**é**lbou) codo

Eye: (ái) ojo

Eyebrows: (áibrau) ceja

Eyelashes: (áilæshiz) pestañas

Feet: (fi:t) pies

Finger: (fínge:r) dedo

Foot: (fu:t) pie

Forehead: (fó:rjed) frente

Hair: (jéar) cabello

Hand: (jæn**d**) mano

Head: (j**e**d) cabeza

Knee: (ni:) rodilla

Leg: (l**e**g) pierna

Mouth: (máu**z**) boca

Neck: (n**e**k) cuello

Nose: (nóuz) nariz

Shoulder: (shóulde:r) hombro

Teeth: (ti:**z**) dientes

Toe: (tóu) dedo del pie

Tooth: (tu:z) diente

Waist: (wéist) cintura

Wrist: (rist) muñeca

Palabras usadas en el restaurante

AT THE RESTAURANT: (et de résterent)
EN EL RESTAURANTE

Baked potato: (béikt petéiro) papa al horno
Barbecue: (bá:rbikyu) barbacoa
Barbecue ribs: (bá:rbikyu: ribs) costillitas asadas
Beer: (bir) cerveza
Cheese cake: (chi:zkéik) torta de queso
Chocolate: (chá:klet) chocolate
Coffee: (ká:fi) café
Desserts: (dizé:rt) postres
Dish: (dish) plato preparado
Dressing: (drésing) aderezo
Drink: (drinks) bebida
French fries: (french fráiz) papas fritas
Fried chicken: (fráid chíken) pollo frito
Fried shrimp: (fráid shrimp) camarones fritos
Green salad: (gri:n sǽled) ensalada de verduras
Guacamole: (wakemóuli:) guacamole
Homemade pie: (jóummeid pái) pastel casero
Ice cream: (áis kri:m) helado
Juice: (shu:s) jugo
Lasagna: (lazá:nya) lasagna

Main couse: (méin ko:rs) plato principal
Mayonnaise: (méieneiz) mayonesa
Medium: (mí:diu:m) medianamente cocida
Menu: (ményu:) menú
Mint: (mint) menta
Oil: (óil) aceite
Onion rings: (á:nyon ringz) anillos de cebolla
Pasta: (pæste) pasta
Pecan pie: (pí:ken pái) pastel de nueces
Pickles: (píkelz) pepinillos en vinagre
Pizza: (pí:tse) pizza
Rare: (rer) jugosa o poco asada
Seafood: (sí:fu:d) frutos del mar
Soda: (sóude) refresco
Soup of the day: (su:p ev de déi) sopa del día
Spaghetti: (spegéri) spaghetti
Starter: (stá:rte:r) entrada
Steak: (stélk) carne asada
Tea: (ti:) té
Vanilla: (veníle) vainilla
Vinegar: (vínige:r) vinagre
Water: (wá:re:r) agua
Well done: (wel dan) bien cocida
Wine: (wáin) vino

NOUNS: (náuns) **SUSTANTIVOS:**

Abilities: (abi:liti:z) habilidades
Admittance: (edmítens) admisión
Ads: (æds) avisos publicitarios
Advertising: (ǽdve:rtaizing) publicidad
Advice: (edváis) consejo
Air: (er) aire
Alcohol: (ǽlkeja:l) alcohol
Alphabet: (ǽlfebet) alfabeto
Application form: (aplikéishen fo:rm) forma de solicitud
At: (æt) arroba
Attention: (eténshen) atención
Autograph: (á:regræf) autógrafo
Avenue: (ǽvenu:) avenida

Backyard: (bǽkya:rd) patio trasero
Badge: (bæsh) insignia
Ball: (bo:l) pelota
Ballet: (bæléi) balet
Bay: (béi) bahía
Belt: (belt) cinturón
Birthday: (bé:rzdei) cumpleaños
Block: (bla:k) cuadra
Board: (bo:rd) cartelera
Boat: (bóut) bote
Bomb: (ba:m) bomba
Book: (buk) libro
Bowl: (bóul) tazón
Box: (ba:ks) caja
Boyfriend: (bóifrend) novio
Break: (bréik) descanso
Buddy: (bári) amigo
Buffet: (beféi) bufet
Bush: (bush) arbusto
Butterfly: (báre:rflai) mariposa

Capital: (kǽperel) capital
Castle: (kǽsel) castillo
Check: (chek) cuenta (en un restaurante)
Child: (cháild) niño/a
Children: (children) niños/as

Chorus: (kó:res) coro
Circus: (sé:rkes) circo
Coal: (kóul) carbón
Collar: (ká:le:r) cuello (de una prenda)
Column: (ká:lem) columna
Comb: (kóum) peine
Common: (ká:men) común
Concert: (ká:nse:rt) concierto
Condition: (kendíshen) condición
Conference: (ká:nferens) conferencia
Conversation: (ka:nve:rséishen) conversación
Corner: (kó:rne:r) esquina
Culture: (kélche:r) cultura
Cushion: (kúshen) almohadón
Customer: (kásteme:r) cliente

Date: (déit) fecha, cita
Decision: (disíshen) decisión
Depression: (dipréshen) depresión
Diet: (dáiet) dieta
Difference: (díferens) diferencia
Disco: (dískou) discoteca
Dot: (da:t) punto
Down payment: (dáun péiment) anticipo
Downtown: (dáuntaun) centro de la ciudad
Driver: (dráive:r) conductor/a

E-mail: (i: méil) correo electrónico
End: (end) final, fin
Exit: (éksit) salida

Floor: (flo:r) piso
Flowers: (fláue:rz) flores
Fork: (fo:rk) tenedor
Fridge: (frish) refrigerador
Fudge: (fa:sh) masa de chocolate
Fun: (fan) entretenimiento

Gas: (gæs) gasolina
Ghett:o (gérou) geto
Giraffe: (shirá:f) jirafa

Girl: (ge:rl) muchacha
Girlfriend: (gé:rlfrend) novia
Glass: (glæs) vidrio, vaso
Gourmet: (gurméi) gurmet
Guitar: (gitá:r) guitarra
Guys: (gáiz) chicos, gente

Heir: (éir) heredero/a
Hill: (jil) colina
Holiday: (já:lidei) feriado
Home: (jóum) hogar
Hometown: (jóumtáun) ciudad natal
Honesty: (á:nesti) honestidad
Honor: (á:ner) honor
Hour: (áur) hora
House: (jáuz) casa
Hymn: (jim) himno

Ice: (áis) hielo
Idea: (aidíe) idea
Information: (infe:rméishen) información
Installment: (instó:lment) cuota
Insurance: (inshó:rens) seguro
Invitation: (invitéishen) invitación

Jaw: (sho:) mandíbula
Joke: (shóuk) broma

Key: (ki:) llave
Khaki (ka:ki) caqui
Knife: (náif) cuchillo

Language: (lǽnguish) lenguaje
Laughter: (lǽfte:r) risa
Law: (lo:) ley
Lawn: (lo:n) césped
Letter: (lé:rer) letra, carta
Line: (láin) fila
List: (list) lista
Log: (la:g) tronco
Love: (lav) amor, cariños (en una carta)
Luck: (lak) suerte

Machine: (meshí:n) máquina
Magazine: (mægezí:n) revista
Make: (méik) marca
Man: (mæn) hombre
Marketing: (má:rkiting) comercializacíón
Meaning: (mí:ning) significado
Mechanic: (mekǽnik) mecánico
Meeting: (mí:ting) reunión
Men: (men) hombres
Mess: (mes) lío, desorden
Message: (mésish) mensaje
Metal: (mérel) metal
Mice: (máis) ratones
Mission: (míshen) misión
Mixture: (míksche:r) mezcla
Moment: (móument) momento
Moon: (mu:n) luna
Mouse: (máus) ratón
Movie: (mu:vi) película
Movies: (mu:vi:z) cine
Muscle: (másel) músculo
Museum: (myu:zí:em) museo
Music: (myú:zik) música

Nation: (néishen) nación
Nature: (néiche:r) naturaleza
Necessary: (néseseri) necesario
News: (nu:z) o (nyu:z) noticias
Newspaper: (nyu:zpéiper) diario
Noise: (nóiz) ruido

Occasion: (ekéishen) ocasión
Office: (á:fis) oficina
Opportunity: (epe:rtú:neri) oportunidad
Option: (á:pshen) opción
Outing: (áuting) salida

Pair: (per) par
Park: (pa:rk) parque
Party: (pá:ri) fiesta
Password: (pǽswe:rd) contraseña
People: (pí:pel) gente
Person: (pé:rsen) persona

Photo: (fóuro) foto
Photograph: (fóuregræf) fotografía
Physician: (fizíshen) médico
Piano: (piánou) piano
Picture: (píkche:r) foto, cuadro
Place: (pléis) lugar
Plan: (plæn) plano
Pleasure: (pléshe:r) placer
Plumber: (pláme:r) plomero
Point: (póint) punto
Politician: (pa:letíshen) político
President: (prézident) presidente
Price: (práis) precio
Problem: (prá:blem) problema
Product: (pa:dekt) productos
Profession: (preféshen) profesión
Protection: (pretékshen) protección
Psychiatrist: (saikáietrist) psiquiatra
Psychology: (saiká:leshi) psicología

Queen: (kuí:n) reina
Question: (kuéschen) pregunta

Radio: (réidiou) radio
Regulation: (regyu:léishen) reglas
Relation: (riléishen) relación
Resident: (rézident) residente
Rest: (rest) saldo
Rhyme: (ráim) rima
River: (ríve:r) río
Road: (róud) camino
Rod: (ra:d) vara
Rouge: (ru:sh) maquillaje para el rostro

Sandwich: (sænwich) sandwich
Scenario: (senério) panorama
Scene: (si:n) escena
Scenery: (sí:ne:ri) paisaje
Scent: (sent) aroma
School: (sku:l) escuela
Sculpture: (skálpche:r) escultura
Sea: (si:) mar
Seat: (si:t) asiento
Sector: (séktor) sector
Sense: (séns) sentido
Service: (sé:rvis) servicios

Shelf: (shelf) estante
Shopping: (sha:ping) compras
Show: (shóu) espectáculo
Sky: (skái) cielo
Society: (sesáieri) sociedad
Space: (spéis) espacio
Station: (stéishen) estación
Street: (stri:t) calle
Student: (stú:dent) estudiante
Subject: (sábshekt) asunto
Surprise: (se:rpráiz): sorpresa

Tax: (tæks) impuesto
Test drive: (test dráiv) vuelta de prueba
Theater: (zíere:r) teatro
Thing: (zing) cosa
Time: (táim) tiempo
Times: (táimz) veces
Tourism: (tú:rizem) turismo
Tub: (tab) bañera

Union: (yú:nien) sindicato
University: (yu:nive:rsiri) universidad

Vacation: (veikéishen) vacación
View: (viú:) vista
Village: (vílish) villa
Vision: (víshen) visión
Voice: (vóis) voz

Way: (wéi) camino, manera
Wedge: (wesh) cuña
Week: (wi:k) semana
Weekend: (wí:kend) fin de semana
Weight: (wéit) peso
Woman: (wúmen) mujer
Women: (wímin) mujeres
Wood: (wud) madera
World: (we:rld) mundo

Xerox: (zíra:ks) fotocopiar
Xylophone: (záilefoun) xilofono

Year: (yir) año

Zoo: (zu:) zoológico

Adjectives: (æshetivz) Adjetivos

Able: (éibel) capaz
Absent-minded: (æbsent-máindid) distraído/a
Angry: (ængri) enojado
Awful: (o:fel) feo/a, horrible

Bad: (bæd) malo
Beautiful: (biú:rifel) hermoso/a, lindo/a
Beige: (bésh) beige
Better: (bére:r) mejor
Big: (big) grande
Blind: (bláind) ciego/a
Boring: (bó·ring) aburrido/a
Busy: (bízi) ocupado/a

Cheerful: (chí:rfel) alegre
Comfortable: (kámfe:rte:rbel) cómodo
Cool: (ku:l) muy bueno/a
Creative: (kriéiriv) creativo
Curly: (ké:rli) enrulado

Dangerous: (déinsheres) peligroso
Dark: (da:rk) oscuro
Delicious: (dilíshes) delicioso
Difficult: (dífikelt) difícil
Dirty: (dé:ri) sucio
Double: (dábel) doble

Early: (é:rli) temprano
Easy: (í:zi) fácil
Economical: (ikená:mikel) económico
Efficient: (efíshent) eficiente
Excellent: (ékselent) excelente
Expensive: (ikspénsiv) caro

Fair: (fe:r) rubio/a
Far: (fa:r) lejos

Final: (fáinel) final
Fictitious: (fiktíshes) ficticio/a
Fine: (fáin) bien
Friendly: (fréndli) cordial
Funny: (fáni) gracioso, divertido

Glad: (glæd) alegre
Good: (gud) bueno
Great: (gréit) fantástico

Happy: (jæpi) felíz
Hard: (ja:rd) difícil
Hardworking: (já:rdwe:rking) trabajador
Heavy: (jévi) pesado
Homesick: (jóumsik) nostálgico
Honest: (á:nest) honesto

Important: (impó:rtent) importante
Incredible: (inkrédibel) increíble
Infectious: (infékshes) infeccioso/a
Intelligent: (intélishent) inteligente
Interesting: (íntresting) interesante
International: (internæshenel) internacional

Last: (læst) último
Late: (léit) tarde
Like: (láik) similar
Little: (lírel) pequeño
Lonely: (lóunli) solitario
Long: (la:ng) largo
Low: (lóu) bajo
Loyal: (ló:yel) lea
Lucky: (láki) afortunado

Magic: (mæshik) magia
Main: (méin) principal
Mixed: (míkst) mezclado/a

New: (nu:) nuevo
Nice: (náis) agradable
Nutritious: (nu:tríshes) nutritivo/a

OK: (óu kéi) muy bien, de acuerdo
Official: (efíshel) oficial
Old: (óuld) viejo, antiguo
Overweigtht: (óuve:rweit) excedido en peso
Patient: (péishent) paciente
Perfect: (pérfekt) perfecto
Popular: (pá:pyu:ler) popular
Powerful: (páue:rfel) poderoso/a
Precious: (préshes) preciado, querido
Pretty: (príri) bonito
Psychological: (saikelá:shikel) psicológico/a

Quick :(kuík) rápido/a

Ready: (rédi) listo
Rectangular: (rektǽngyiu:le:r) rectangular
Regular: (régyu:le:r) regular
Relaxing: (rilǽksing) relajado
Reliable: (riláiebel) confiable
Responsible: (rispá:nsibel) responsable
Right: (ráit) correcto/a, derecho/a (dirección)
Rough: (ráf) áspero, desparejo

Sad: (sæd) triste
Safe: (séif) seguro, a salvo
Short: (sho:rt) de baja estatura, corto

Smelly: (sméli) oloroso/a
Social: (sóushel) social
Solemn: (sá:lem) solemne
Spacious: (spéishes) espacioso
Special: (spéshel) especial
Square: (skué:r) cuadrado
Straight: (stréit) lacio, derecho
Sweet: (swi:t) dulce

Tall: (to:l) alto
Terrible: (téribel) terrible
Thin: (zin) delgado
Tidy: (táidi) ordenado
Tired: (táie:rd) cansado
Tiring: (táiring) cansador
Total: (tóurel) total
Tough: (taf) difícil, violento
True: (tru:) verdadero/a
Typical: (típikel) tìpico

United: (yu:náirid) unido/a, unidos/as
Universal: (yu:nive:rsel) universal
Untidy: (antáidi) desordenado
Usual: (yú:shuel) usual

Wavy: (wéivi) ondulado
Whole: (jóul) entero
Worried: (wé:rid) preocupado
Worse: (we:rs) peor
Wrong: (ra:ng) incorrecto/a, equivocado/a

Young: (ya:ng) jóven

— Is this **your** coat?
— Yes, it is **my** coat.

POSSESSIVE ADJECTIVES: (pezésiv æ**sh**etivz)

ADJETIVOS POSESIVOS

My: (mái) mi

Your: (yo:r) tu, su, de usted, de ustedes

His: (jis) su (de él)

Her: (je:r) su (de ella)

Its: (its) su (de animal o cosa)

Our: (aue:r) nuestro/a

Their: (de:r) su (de ellos/as)

Accept: (eksépt) aceptar
Add: (æd) agregar
Agree: (egrí:) estar de acuerdo
Am: (æm) soy/estoy
Answer: (ǽnse:r) contestar
Are: (a:r) eres/es estás/está
Arrange: (eréinsh) organizar
Ask: (æsk) preguntar
Attend: (eténd) concurrir

Bathe: (béid) bañarse
Be like: (bi: láik) parecerse
Be: (bi:) ser, estar
Been: (bi:n) estado
Begin: (bigín) comenzar
Breathe: (bri:d) respirar
Bring: (bring) traer
Buy: (bái) comprar

Change: (chéinsh) cambiar
Check: (chek) revisar
Clean up: (kli:n ap) limpiar
Clean: (kli:n) limpiar
Come back: (kam bæk) regresar
Come in: (kam in) entrar
Come over: (kam ouve:r)
ir a la casa de alguien
Come: (kam) venir
Complete: (kemplí:t) completar
Contain: (kentéin) contener
Cook: (kuk) cocinar
Cost: (ka:st) costar
Cry: (krái) gritar, llorar

Dance: (dæns) bailar
Depend: (dipénd) depender
Design: (dizáin) diseñar
Do: (du:) hacer
Drink: (drink) beber
Drive: (dráiv) conducir
Dust: (dast) quitar el polvo

Eat out: (i:t áut) comer en un
restaurante

Eat: (i:t) comer
Enjoy: (inshói) disfrutar
Enter: (énte:r) ingresar
Explain: (ikspléin) explicar

Fasten: (fǽsen) ajustarse
Feel: (fi:l) sentir
Follow: (fá:lou) seguir
Forget: (fegét) olvidar

Get back: (get bæk) regresar
Get: (get) conseguir, comprar, llegar
Give: (giv) dar
Go out: (góu áut) salir
Go: (góu) ir
Guess: (ges) suponer, adivinar

Hassle: (jǽsel) forcejear
Hate: (jéit) odiar
Have: (jæv) tener, poseer
Help: (jelp) ayudar
Hope: (jóup) sperar

Improve: (imprú:v) mejorar
Introduce: (intredyiú:z) presentar
Invite: (inváit) invitar
Iron: (áiren) planchar
Is: (i:z) es / está

Kiss: (kis) besar
Know: (nóu) saber, conocer a alguien

Laugh: (læf) reir
Learn: (le:rn) aprender
Leave: (li:v) dejar o irse de un lugar
Like: (láik) gustar
Listen: (lísen) escuchar
Live: (liv) vivir
Look for: (luk fo:r) buscar
Look like: (luk láik) parecerse
Look: (luk) mirar
Lose: (lu:z) perder
Love: (lav) amar, encantar

Make: (méik) hacer, preparar
Match: (mæch) hacer coincidir, congeniar
Mean: (mi:n) significar
Meet: (mi:t) conocer o encontrarse con alguien
Move: (mu:v) mover, mudarse

Need: (ni:d) necesitar

Offer: (á:fe:r) ofrecer
Open: (óupen) abrir
Operate: (á:pereit) operar
Order: (á:rde:r) ordenar

Paint: (péint) pintar
Park: (pa:rk) aparcar
Pass: (pæs) aprobar
Pay: (péi) pagar
Pick up: (pik ap) recoger
Plan: (plæn) planificar
Prefer: (prifé:r) preferir
Prepare: (pripé:r) preparar
Promise: (prá:mis) prometer
Provide: (preváid) ofrecer
Push (push) empujar
Put: (put) poner

Read: (ri:d) leer
Receive: (risí:v) recibir
Recommend: (rekaménd) recomendar
Relax: (rilǽks) relajarse
Remember: (rimémbe:r) recordar
Rent: (rent) rentar
Repeat: (ripí:t) repetir
Run: (ran) correr

Say: (séi) decir
See: (si:) ver
Seem: (si:m) parecer
Sell: (sel) vender
Serve (se:rv) servir
Shine: (sháin) brillar
Show: (shóu) mostrar
Sign: (sáin) firmar

Sing: (sing) cantar
Sit: (sit) sentarse
Sleep: (sli:p) dormir
Smoke: (smóuk) fumar
Sold: (sóuld) vendido
Sound: (sáund) sonar
Spell: (spel) deletrear
Start: (sta:rt) comenzar
Stay: (stéi) hospedarse
Study: (stádi) estudiar
Suffer: (sáfe:r) sufrir
Suggest: (seshést) sugerir
Suppose: (sepóuz) suponer
Surf: (se:rf) navegar
Sweep: (swi:p) barrer

Take: (téik) tomar, llevar, tardar
Teach: (ti:ch) enseñar
Tell: (tel) contar, decir, relatar
There are: (der a:r) hay (pl.)
There is: (der iz) hay (sing.)
Think: (zink) pensar
Tidy: (táidi) ordenar, poner en order
Try: (trái) tratar, intentar

Understand: (ande:rstǽnd) entender

Vacuum: (vækyú:m) pasar la aspiradora
Visit: (vízit) visitar

Wait: (wéit) esperar
Want: (wa:nt) querer
Was: (wa:z) fue, estuvo
Wash: (wa:sh) lavar
Watch: (wa:ch) mirar
Wear: (wer) usar ropa
Weigh: (wéi) pesar
Were: (wer) fueron, estuvieron
Worry: (wé:ri) preocuparse
Write: (ráit) escribir

— **May** I help you?
— Yes, **do** you have long sleeve t-shirts?

AUXILIARIES: (a:gzí:lieri:z) **AUXILIARES**

Can: (kæn) poder (para abilidad y pedidos informales)
Could: (kud) poder (para pedidos formales)
Did: (did) auxiliar para el pasado simple
Do: (du:) auxiliar para el presente simple
Does: (daz) auxiliar para presente simple
Have to: (hæv te) auxiliar que indica necesidad
May: (méi) poder (para pedir permiso)
Must: (mast) deber, estar obligado, deber de
Should: (shud) deber (para dar consejos)
Will: (wil) auxiliar para el futuro
Would: (wud) auxiliar para ofrecer o invita

ADVERBS: (ǽdve:rbs) Adverbios

A bit: (e bit) un poco
A few: (e fyu:) unos pocos
A little: (e lírel) un poco
A lot: (e la:t) mucho
Absolutely: (æbselú:tli) absolutamente
Across: (ekrá:s) a través, en frente de
Actually: (ǽkchueli) realmente
After: (ǽfte:r) después
Again: (egén) otra vez
Ago: (egóu) tiempo atrás
Also: (ó:lsou) también
Always: (ó:lweiz) siempre
Around: (eráund) alrededor
As: (æz) como (para comparar)

Enough: (ináf) suficientemente
Ever: (éve:r) alguna vez
Every day: (évri déi) todos los días
Exactly: (igzǽktli) exactamente

Finally: (fáineli) finalmente
First: (fe:rst) en primer lugar, primero

Generally: (shénereli) generalmente

Here: (jir) aquí, acá

In fact: (in fækt) de hecho

Just: (shast) recién

Late: (léit) tarde

Never: (néve:r) nunca
Next to: (nékst tu:) al lado de
Next: (nékst) próximo
No: (nóu) no
Not: (na:t) no

Often: (á:ften) a menudo
Once: (uáns) una vez
Only: (óunli) solamente
Outside: (autsáid) afuera
Over there: (óuve:r de:r) allá

Perfectly: (pé:rfektli) perfectamente
Pretty: (príri) muy

Quite: (kuáit) bastante

Rarely: (rérli) raramente
Really: (rí:eli) realmente
Right here: (ráit jir) aquí mismo
Right now: (ráit náu) ahora mismo

Since: (sins) desde
Slowly: (slóuli) lentamente
So: (sóu) así, de esta manera
Sometimes: (sámtaimz) a veces
Soon: (su:n) pronto
Still: (stil) aún, todavía

Then: (den) entonces
There: (der) allá, allí
Through: (zru:) a través
Tomorrow: (temó:rou) mañana
Tonight: (tenáit) esta noche
Too: (tu:) también
Twice: (tuáis) dos veces

Usually: (yú:shueli) usualmente

Very: (véri) muy

Well: (wel) bien

Yes: (yes) sí
Yesterday: (yéste:rdei) ayer
Yet: (yet) aún, todavía

All three friends are in the coffee shop.
Both men are drinking coffee.

DETERMINERS: (dité:rminers) **MODIFICADORES**

All: (o:l) todos

Both: (bóuz) ambos/as

Less: (les) menos

Little: (lírel) pequeño

More: (mo:r) más

Other: (áde:r) otro

INDEFINITE PRONOUNS: (indéfinit próunaunz)

LOS PRONOMBRES INDEFINIDOS

Anybody: (éniba:di) alguien (interrogativo), nadie (negativo)

Anyone: (éniuan) alguien (interrogativo), nadie (negativo)

Anything: (énizing) algo (interrogativo) nada (negativo)

Everything: (évrizing) todo

Nothing: (názing) nada

One: (wan) uno/a

Somebody: (sámbedi) alguien (afirmativo)

Someone: (sámuen) alguien (afirmativo)

Something: (sámzing) algo

— Is there **anything** to eat?
— Yes, but there is **nothing** ready. **Everything** is uncooked.

She   He

SUBJECT PRONOUNS: (sábshekt próunaunz)

PRONOMBRES DE SUJETO

I: (ai) yo

You: (yu:) tú, Ud., Uds.

He: (ji:) el

She: (shi:) ella

It: (it) eso/a

We: (wi:) nosotros/as

They: (déi) ellos/as

OBJECT PRONOUNS: (á:bshekt próunaunz)

PRONOMBRES DE OBJETO

Me: (mi:) me, a mí

You: (yu:) te, a ti, a Ud., a Uds.

Him: (jim) lo, le (a él)

Her: (je:r) la, le, a ella

It: (it) lo, le (a ello)

Us: (as) nos, a nosotros/as

Them: (dém) les, las, los, a ellos/as

Bill is eating with **them**.
Annie is looking at **him**.
Luis is seated next to **her**.

Los pronombres posesivos

— Is this jacket **yours**?
— No, it is not **mine**. It is **his**.

POSSESSIVE PRONOUNS: (pezésiv próunaunz)

PRONOMBRES POSESIVOS

Mine: (máin) mio/a

Yours: (yo:rz) tuyo/a, suyo/a

His: (jiz) de él

Hers: (jerz) de ella

Ours: (áue:rz) nuestros/as

Theirs: (de:rz) de ellos/as

DEMONSTRATIVE PRONOUNS: (dimá:nstrativ próunaunz)

PRONOMBRES DEMOSTRATIVOS

This: (dis) esta / este - esto

That: (dæt) esa / ese / eso, aquella / aquel / aquello

These: (di:z) estas / estos

Those: (dóuz) esas/os, aquellas/os

— **This** is my friend Luis.

Los artículos

Articles: (á:rtikels) **Los artículos**

A: (e) un, una
An: (æn) un, unos
The: (de) el, la, las, los

Los conectores

Linking words: (linking we:rdz) Los **Conectores**

And: (end) y
But: (bat) pero
Either ... or: (í:de:r ...o:r) o... o
Neither... nor: (ní:de:r no:r) ni... ni
Or: (o:r) o
So: (sóu) por lo tanto
While: (wáil) mientras

Las preposiciones

Luis is **in** the kitchen, **next** to the counter.

PREPOSITIONS (prépazshens) PREPOSICIONES

About: (ebáut) acerca de
Above: (ebáv) arriba de
Across: (ckrá:s) cruzando, a través
At: (æt) a, en
Behind: (bijáind) detrás
Below: (bilóu) debajo de
Between: (bitu:ín) entre
By: (bái) en, por (medios de transporte)
Down: (dáun) abajo
During: (dú:ring) durante
For: (fo:r) para
From: (fra:m) de, desde
In front of: (in fra:nt ev) enfrente de
In: (in) en
Into: (intu:) dentro
Near: (ni:r) cerca
Next to: (ncks tu:) junto a
Of: (ev) de
On: (a:n) sobre
Out: (áut) afuera
Over: (óuve:r) por encima
Per: (pe:r) por
Through: (zru:) a través
To: (tu:) a, para alguien, hacia
Under: (ánde:r) debajo
Up: (ap) arriba
With: (wid) con
Without: (widáut) sin

Expressions: (ikspréshens) **Expresiones**

All right: (o:l ráit) está bien
Certainly! (sé:rtenli) ¡seguro!
Cheer up! (chir ap) ¡alégrate!
Come in: (kam in) pase/a.
Come on in: (kam a:n in) pase/a
Come this way: (kam dis wéi) venga/n por aquí
Could you repeat? (kud yu : ripi :t) podría repetir?
Don't worry! (dóunt wé:ri) ¡no te preocupes/se preocupe!
Excuse me: (ikskyu:z mi:) disculpe
For example: (fer igzǽmpel) por ejemplo
Good luck! (gud lak) ¡buena suerte!
Great idea! (gréit aidíe) ¡gran idea!
Great: (gréit) ¡fantástico!
Help yourself! (jelp yursélf) ¡sirvete algo!
Help yourselves! (jelp ye:rselvz) ¡sírvanse algo!
Here you are: (jir yu: a:r) aquí tiene/s
Holy smoke! (jóuli smóuk) ¡santo cielo!
How about? (jáu abáut) ¿qué te parece… ? ¿qué tal si… ?
How can I get to…? (jáu ken ai get tu:) ¿cómo puedo llegar a… ?
Hurry up! (jári ap) apúrate / apúrese
I agree with you: (ái egri: wid yu:) estoy de acuerdo contigo/Ud.
I don't know: (ái dóunt nóu) no lo sé
I don't understand: (ái dóunt ande:rstǽnd) no entiendo
I'm cold: (áim kóuld) tengo frío
I'm coming! (áim káming) ¡ya voy!
I've got a cold: (áiv ga:t e kóuld) tengo un resfriado
I'm afraid… : (áim efréid) me temo que…
I'm sorry: (áim sa:ri) lo siento
It depends: (it dipéndz) depende

It's a deal! (its e di:l) ¡trato hecho!
Let me think: (let mi: zink) déjeme / déjame pensar
Let's... : (lets) vamos a (invitación o sugerencia para hacer algo)
Look after yourself: (luk æfte:r ye:rself) cuídate / cuídese
My name's: (mái néimz) mi nombre es...
Of course! (ev ko:rs) ¡por supuesto!
Oh, dear! (óu dir) ¡oh, pobre! para expresar pena por alguien
Please: (pli:z) por favor
Right now: (ráit náu) en este momento
...say... : (séi) digamos (cuando sugieres algo)
See you: (si: yu:) nos vemos...
Soaked to the bone: (sóukt te de bóun) empapado hasta los huesos
Sounds good! (sáundz gud) ¡suena bien!
Stay well! (stéi wel) ¡que sigas bien!
Sure: (sho:r) seguro
Take a seat: (téik e si:t) tome asiento
Take care! (téik ke:r) ¡cuídate!
Tell me about: (tel mi: abáut) cuéntame / cuénteme sobre...
Terrific! (terífik) ¡fantástico!
Thank you for... : (zænk yu: fo:r) gracias por...
Thank you very much: (zænk yu: véri mach) muchísimas gracias
Thank you: (zænk yu:) gracias
Thanks a lot: (zænks e la:t) muchas gracias
Thanks: (zænks) gracias
That's right: (dæts ráit) así es
That's settled! (dæts sételd) ¡está resuelto!
There you are: (der yu: a:r) aquí lo tienes
To be good at: (te bi: gud æt) ser bueno para / en
What a mess! (wa:t e mes) ¡qué desorden!
What about... ? (wa:t ebáut) ¿qué te parece... ? para sugerir
What do you do? (wa:t du: yu: du:) ¿a qué te dedicas?
What's your job? (wa:ts yo:r sha:b) ¿cuál es tu trabajo?
What's your name? (wa:ts yo:r néim) ¿cuál es tu nombre?
What's the matter? (wa:ts de máre:r) ¿qué sucede?
What's the meaning of... ?(wa:ts de mí:ning ev) ¿qué significa... ?
What's wrong (with)? (wa:ts ra:ng wid) ¿qué hay de malo?
Why don't... ? (wái dóunt) ¿por qué no... ?
You never know: (yu: néve:r nóu) nunca se sabe
You should... : (yu: shud) usted debería...
You're kidding: (yur kíding) estás bromeando
You're right: (yu:r ráit) tienes razón
You'd better... : (yu:d bére:r) sería mejor que...
You're welcome: (yú:r wélkem) no hay de qué

Las palabras interrogativas

How about... ? (jáu ebáut...) ¿qué te parece?, ¿qué tal si?

How far: (jáu fa:r) ¿a qué distancia?

How long: (jáu la:ng) ¿cuánto tiempo?

How many: (jáu méni)¿ cuántos/as?

How much: (jáu mach) ¿cuánto/a?

How often? (jáu á:ften) ¿cuántas veces?

How old? (jáu óuld) ¿cuántos años?, ¿qué edad?

How strange! (jáu stréinsh) ¡qué raro!

How: (jáu) ¿cómo?

What is / are_____like? (wa:t iz/a:r_____láik) ¿cómo es... ?

What kind of...? (wa:t káind ev) ¿qué clase de... ?

What: (wa:t) ¿qué?

When: (wen) ¿cuándo?

Where: (wer) ¿dónde?

Which: (wích) ¿cuál?

Who: (ju:) ¿quién?

Whose: (ju:z) ¿de quién?

Why: (wái) ¿por qué?

— **How much** is this?

Los números cardinales

CARDINAL NUMBERS: (ká:rdinel námbe:rz)
NÚMEROS CARDINALES

Zero: (zírou) cero
One: (wan) uno
Two: (tu:) dos
Three: (zri:) tres
Four: (fo:r) cuatro
Five: (fáiv) cinco
Six: (síks) seis
Seven: (séven) siete
Eight: (éit) ocho
Nine: (náin) nueve
Ten: (ten) diez
Eleven: (iléven) once
Twelve: (twelv) doce
Thirteen: (ze:rti:n) trece
Fourteen: (fo:rtí:n) catorce
Fifteen: (fiftí:n) quince
Sixteen: (sikstí:n) dieciseis
Seventeen: (seventí:n) diecisiete
Eighteen: (eití:n) dieciocho
Nineteen: (naintí:n) diecinueve
Twenty: (twéni) veinte
Thirty: (zé:ri) treinta
Forty: (fó:ri) cuarenta
Fifty: (fífti) cincuenta
Sixty: (síksti) sesenta
Seventy: (séventi) setenta
Eighty: (éiri) ochenta
Ninety: (náinri) noventa
Hundred: (jándred) cien
Thousand: (záunsend) mil
Million: (mílien) millón
Billion: (bílien) billón (mil millones)

ORDINAL NUMBERS: (ó:rdinel námbe:rz)

NÚMEROS ORDINALES

First: (f e:rst) primero

Second: (sékend) segundo

Third: (ze:rd) tercero

Fourth: (fo:rz) cuarto

Fifth: (fifz) quinto

Sixth: (síksz) sexto

Seventh: (sévenz) séptimo

Eighth: (éiz) octavo

Ninth: (náinz) noveno

Tenth: (tenz) décimo

Eleventh: (ilévenz) décimo primero

Twelveth: (twelz) décimo segundo

Twentieth: (twéntiez) vigésimo

Thirtieth: (zé:rtiez) trigésimo